菊与刀

在这里，读懂日本

[美] 鲁思·本尼迪克特◎著
宋俐娟◎译

煤炭工业出版社
·北 京·

图书在版编目（CIP）数据

菊与刀 /（美）鲁思·本尼迪克特著；宋俐娟译 .
-- 北京：煤炭工业出版社，2017（2018.7 重印）
ISBN 978 - 7 - 5020 - 6173 - 9

Ⅰ.①菊…　Ⅱ.①鲁…　②宋…　Ⅲ.①民族文化—研究—日本　Ⅳ.①K313.03

中国版本图书馆 CIP 数据核字（2017）第 244201 号

菊与刀

著　　者　（美）鲁思·本尼迪克特
译　　者　宋俐娟
责任编辑　刘少辉
封面设计　朝圣设计·阿正

出版发行　煤炭工业出版社（北京市朝阳区芍药居 35 号　100029）
电　　话　010 - 84657898（总编室）
010 - 64018321（发行部）　010 - 84657880（读者服务部）
电子信箱　cciph612@126.com
网　　址　www.cciph.com.cn
印　　刷　北京市兆成印刷有限责任公司
经　　销　全国新华书店

开　　本　880mm × 1230mm 1/32　**印张**　9　**字数**　280 千字
版　　次　2017 年 10 月第 1 版　2018 年 7 月第 2 次印刷
社内编号　9053　**定价**　38.80 元

目录

CONTENTS

第一章　对日本的研究任务

在能使美国全力以赴去对抗的敌人中，日本人的脾气是最让我们感到难以琢磨的。这个强大对手的行为和思维习惯与我们截然不同，我们在其他战争中从未遇见过这种情况，因此必须认真对待，就像对待1905年的沙俄一样。我们面对的敌人是一个经过训练并武装充分的民族，而且未曾受到过西方文化和传统的影响。显然，在日本并不存在那些西方国家所认为的基于人性的战争惯例，于是导致了在太平洋战争中，遇到一系列登岛作战和后勤工作等问题与困难，因此，我们最主要的任务就是了解“敌性”。为了对抗敌人，他们的行动是我们必须了解的。

然而，这非常困难。从打开日本锁国之门七十五年以来，不同于世界上的其他民族，我们总是使用“但是，又……”之类的，令我们极其困惑的词句来描述日本人。一个严肃的观察家是这样描述日本民族的：“他们彬彬有礼，又蛮横倨傲；他们顽固不化，又极易适应激烈的革新；他们性格温顺，又不轻易服从上级的命令；他们忠诚宽厚，又心存叛逆、满腔怨恨；他们勇敢成性，又无法完全摆脱怯懦；他们的行动完全会顾虑自己的颜面，既真诚地倾慕西方文化，又不舍弃顽固的保守主义；他们普遍爱美，并醉心于菊花的栽培，在给予演员和艺术家们崇高敬意的同时，又崇尚刀剑和武士的至高荣誉。”

所有上述这些矛盾都是千真万确的，在有关日本的论著中起到了重要作用。菊与刀，都是他们绘画作品中必不可少的部分。日本人生性好斗又温和；尚武又爱美；傲慢又有礼；顽固又善变；驯服又不愿任人摆布；忠贞又易于叛变；勇敢又怯懦；保守又极易接受新事物。他们看重别人对自己行为的评价，但又在别人对其劣迹一无所知时，内存罪恶感。他们的军队在受到彻底的教化后，依然具有反抗性。

我们必须正视这些矛盾以及其他令我们心烦气躁之处，因为了解日本，显然已成为美国的当务之急。日本人的下一步行动是什么？能不能不进攻日本就让其投降？我们是否应该采取直接轰炸皇宫的方式？我们可以从日本战俘身上得到些什么？我们要对日本军队以及其本土民众宣传些什么，才能削弱日本人顽抗到底的意志，并拯救美国人的生命？日本人对这些问题也有相当大的争论。当和平降临，对日本人需要为维持秩序而一直实行军事管制吗？我军是不是要同那些顽抗到底的分子，在日本的深山密林中进行战斗？日本会不会在世界和平到来之前，发生一次像法国或俄国一样的革命呢？这次革命的领导者会是谁呢？又或是，日本民族只能走向灭亡之路吗？我们对这些问题的看法各执一词。

1944 年 6 月，我接受了研究日本的工作任务。为了弄明白日本民族到底是怎样的民族，我作为一个文化人类学家，用尽了一切研究方法。那年刚入夏，我国对日本展开了大规模的反攻。许多美国人认为，对日战争也许还要持续三年，或者十年，甚至更长时间。而有的日本人则认为，这次战争可能是一场百年之战。虽然美军看上去取得了胜利，但是在距离日本本土几千英里的地方，还有新几内亚、所罗门群岛。由于日本的公报并没有承认本国海军的失败，以至于日本国民们都以为自己国家胜利了。

进入六月以后，欧洲开辟了第二战场。两年半以来，最高司令部给予欧洲战场的军事优先权，已经失去了意义，对德战争的胜利之歌已经奏响，我军已经在太平洋上的塞班岛登陆，这场战役预示着日军终将彻底失败。从这以后，我们的士兵与日本士兵常常短兵相接。而且，我们已经清楚地知道，在新几内亚、瓜达尔卡纳尔、缅甸、阿图、塔拉瓦以及比亚克等战役中，我们所面对的敌人是何等可怕。

因此，到了 1944 年 6 月，我们急需对许多有关日本的疑问做出解答，并提出真知灼见，不管是在军事上还是在外交上，也不管是最高决策的要求，还是在日军前线发布宣传册的需求。在日本发动的总体战中，我们必须挖掘出东京当权者们的动机和目的，搜集分析日本的漫长历史以及经济、军事上的统计资料，弄清楚日本政府能够从他们的人民那里获得怎样的期待。我们想知道日本人的思维和感情习惯以及这些习惯所形成的模式，想了解制约他们行动和意志的根源。美国人将要采取哪些行动我们先不管，而且尽可能不轻率地得出结论，说什么在某种情况下，我们怎么做，日本人会怎么做。

美国与日本目前的交战状态，决定了我所接受的任务的难度。我们最容易在战争中把一切责任都抛给敌国，而要想了解敌人心中对人生的看法极其困难，但我不得不去完成这个任务。我们想要剖析出，日本人将会采取怎样的行动，而不是当我们处在他们的境遇时，我们要采取何种行动。我必须把日本人在战争中的行为，看作是“正值”即有用的资料，而不是“负值”即不利的条件。我必须从文化方面去洞察他们的作战方式，而不是从军事角度去研究。即使在战斗时期，日本人的行为也有自己的特点。在面对战争时，他们在生活方式和思维方式上表现出了哪些特征呢？他们认为可利用的力量，主要体现在其领导人如何鼓舞士气、如何消除国民惶恐以及如何在战场上调兵遣将几方面。想要看清日本人如何一步步暴露真实面貌，就必须认真地研究他们在战争中的各个细节。

但是，美国和日本正处于交战状态，这对我研究日本很是不利，我不得不放弃实地考察这种文化人类学者最重要的研究方法。我无法到日本本土以及日本家庭中去亲眼观察他们日常生活的各种行为，并把关键性的和非关键性的信息区分出来。我也无法观察他们做决定时的复杂过程，更无法观察他们是如何传宗接代的。虽然人类学家约翰·恩布里在进行实地考察后写出的，唯一一部有关日本村落的著作——《须惠村》很值得我们研究，但那本书里没有提到我们在 1944 年遇到的，有关日本的诸多问题。

虽然对日本的研究困难重重，但作为一个文化人类学家，我还可以利用其他研究方法和必要条件去完成我的工作。至少我还可以与被研究的人民直接接触，这是文化人类学家最倚重的方法。我们国家也有许多在日本长大的日本人，我可以从他们亲身经历的许多具体事件中去分析他们进行判断的方式，从而弥补我们对关于日本知识的研究空白。在我看来，一个人类学家要完全了解任何一种文化，都必须具备相关的知识。当时，一些社会学家在研究日本时，除了利用图书文献来分析历史事件和统计资料外，还从日本的文字宣传或口头宣传的词句中，去分析理解，以求发展。我确信他们想要的答案，大多都隐藏在相关日本文化的规则及价值之中，因此，要想得到满意的答案，就必须研究生活在这种文化里的人。

我会从书中寻找答案，并请教曾在日本生活过的西方人士。我也可以利用大量论述日本的文献，并请教一些在日本居住过的优秀的西方观察家去了解日本。那些研究亚马孙河发源地，或新几内亚高原等地无文字部落的人类学家们，是无法享受到我这种待遇的。由于那些部落民族没有文字，所以他们无法用笔来表现自己。西方人对这些民族的论述凤毛麟角，浮光掠影，没有人知道他们的过去。实地考察的观察家们在探索他们的生活方式、社会阶层和宗教生活等方面时，没有任何先驱学者的帮助，而我研究日本时却可以享用许多先驱学者留下的财富，这些财富对日本人的生活细节有详细的描述。除了西方观察家对他们的生活经历有详细的记载外，日本人自己也撰写了许多不寻常的著作。与其他东方民族不同，日本人非常坦率，他们有描写自我的强烈冲动，既写生活中的琐事，也写对全球的扩张计划。当然，他们并不会和盘托出，因为没有哪个民族会这样做。同美国人描述美国一样，日本人描述日本时，也会略去许多他们太过熟悉的，但又非常重要的事情，因为这些对他们来说，就如同呼吸空气一样，习以为常了。即便是这样，日本人也还是属于喜欢把自己暴露出来的群体。

我阅读这些文献时，会特别留意那些很难理解的事情，就像达尔文在创立物种起源理论时一样。我必须了解议会演说中提到的那一大堆观念。他们大肆攻击一些无关痛痒的行为，却毫不在意那些骇人听闻的暴行，他们持有这种态度的原因是什么？背后到底隐藏着什么？这些都是我必须知道的。我在阅读的同时还会不断提问："这幅绘画到底有什么毛病？"

我还看了不少在日本拍摄的，描写日本城市及农村现代生活的宣传片和历史片，并和一些曾在日本看过这些影片的日本人一起讨论。他们看待电影中的男女主角以及反面角色的观点是与我不一样的。他们并不会像我一样，因为一些情节而迷惑不解，而且，他们是从整体结构上来理解分析这些电影的，而不是像我一样去剖析剧情和动机。我在阅读小说时，对小说的理解也和在日本长大的他们有天壤之别。在这些日本人中，有的人会为日本的风俗习惯进行辩解；而有的人则痛恨着日本的一切。虽然他们的行为天差地远，但不管是欣然接受，还是加以痛斥，他们对日本生活的规范性，描绘得是一致的。

如果人类学家只是直接从他们所研究的文化对象——人——去搜集资料并寻求答案，那么这同那些在日本生活过的西方观察家们所做过的事，又有什么分别呢？如果一个人类学家只能做到这种地步，那么就不要期望自己能对先驱学者们留下的，有关日本的优秀著作有什么新的贡献。但是，由于人类学家受到的训练让他具有某些特殊能力，所以只要稍稍花费一些精力，便可以在这个存在众多学者和观察家的领域中，增添他的贡献，这显然是非常值得的。

日本的许多社会习俗和生活习惯，与太平洋岛屿上的原始部落都极为相似，而我从所知的亚洲和大洋洲的多种文化中，找到了这些拥有相似文化的地区，比如马来诸岛和新几内亚，还有波利尼西亚。非常有趣的是，我可以根据这些相似之处来推测，这些地方在古代也许有过移民，或他们的古人曾相互接触过。但这种可能发生的历史关联，并非我了解文化相似性的价值所在，这些风俗习惯如何在简单的文化中起作用，我是知道的，我所要的价值，是能够从这些相似性或差异性中，得到理解日本生活方式的启示。我会把日本与亚洲的其他民族进行比较，因为我对亚洲大陆的泰国、缅甸和中国也多少有些了解，而这些民族的文化都是亚洲文化遗产的一部分。人类学家已反复地从有关原始民族的研究中得出结论，文化比较是非常有价值的研究方式。一个部落与邻近部落的习俗相似度有可能高达百分之九十，但为了能建立起与周围任何一个民族都不相同的生活方式和价值观念，他们会对一些习俗做些修改。在这一过程中，他们会摒弃某些基本习俗，不管这些习俗占比多少，该民族未来的发展都有可能具有独特性。研究这种在整体上具有许多共性的各民族之间的差异，对于一个人类学家来说是极具价值的。

为了能够最大限度地了解自身文化与其他文化之间的差异，人类学家必须对研究技术加以磨炼和提升。从以往的经验中不难看出，不同文化的人们在遇到某些情况时，做出的判断不尽相同，从而不同的部落和民族，所运用的处理方式也是有巨大差异的。在一些北极乡村和热带沙漠地区，人类学家会遇到以血缘责任或财务交换为习俗基础的部落，这远超出我们的想象。人类学家在对这些部落进行考察时，不仅要考察血缘关系或交换关系的细节，还要弄清在部落行为中，这种习俗是如何让每一代人像他们的先祖那样，从小就受其制约、身体力行，并世代相传的。

人类学家在研究日本时，也需要关注和利用这种差异、制约及其产生的后果。现在，所有人都感到美国与日本在文化上有着巨大的差异。关于日本，甚至出现了这样的说法：凡是我们做的，无论我们做什么，他们都会反其道而行之。如果一个研究者相信这种说法，或单纯地认为这种差异太离奇，那么他是根本不可能了解那个民族的。即使是最离奇的差异，也并不会妨碍研究者对它的理解，这是人类学家利用自身经验充分证明过的。相比其他社会科学家，人类学家更容易把差异看作一种“正值”，而不是看作“负值”。制度和民族之间的差异越是离奇，他就越感兴趣。他不会只注意选出的少数事例，而会面向每件事物，因为他在研究部落的生活方式时，不会视任何东西为理所当然。有关西方各民族的研究表明，忽视许多行为领域的研究者，往往缺乏比较文化学的训练。他们从不研究日常生活中的细小习惯和人们对熟悉事物的公认说法，因为他们总是把这些视为理所当然。然而，影响该民族未来的，正是这类习惯和公认的说法，其影响力是外交官所签订的各种条约远不能及的。

人类学家所研究的部落的日常琐事，与其本国相应的事物相比是截然不同的，因此必须进一步发展研究日常琐事的技术。当他想要理解在这个部落中某种被视为最恶毒的，但在另一个部落中却被视为最胆怯的行为时，当他想要了解他们在特定情况下的行动和感受时，他就必须仔细观察并注意细节，因为，这些细节常常是在以往研究中被忽略的。人类学家充分相信这些细节才是最关键的东西，并且也知道挖掘它们的方法。

我会将这种方法运用于对日本的研究工作中，因为不管是原始部落还是最先进的文明民族，人类的行为都是从日常生活中提炼而出的，只有高度关注一个民族在生活中的日常琐事，才能充分理解人类学家提出的这一论证前提的重大意义。一个人的感觉和思维方式总与他的经验密不可分，不管其行为或意见是如何的奇怪。对日本人的某种行为越是迷惑不解，就越证明在日本人生活中，一定有某种极为平常的条件，造成他们这种特殊行为。人总是在日常生活的细节中前行，因此，我的研究越深入到日常生活细节之中，就越有用。

作为一个文化人类学家，我还确信这样一个前提——最孤立的细小行为之间也存在着某些系统性的联系。我非常想要了解，一个总体模式是如何由数以百计的单项行为所构成的。一个社会的生活是必须要进行某种设计的，如果它赞同某些情况的处理方式和评价方式，那这个社会中的人就会把这些视为全社会的基本结论。他们不惧困难，把这些结论融为一体。如果人们接受了某种赖以生存的价值体系，但同时又在其生活的另一部分中，以相悖的价值体系来思考和行动，就必然会陷入混乱和不便。他们为自己准备了种种共同的理由和动机，因为要力求更加和谐统一。如果缺少了一定程度的和谐统一，那么整个体系就将崩溃瓦解。

经济行为、家庭活动、宗教仪式和政治目标是相辅相成的，它们就像齿轮一样相互啮合在一起。当一个部门发生比其他部门更剧烈的变化时，其他部门会受到这个部门的影响而承受巨大压力，而这种压力正是实现和谐统一必不可少的条件。在追逐权力统治的无文字部落社会，人们对权力的欲望不仅表现在与其他部落的关系以及经济交往上，也同样表现在宗教活动之中。与无文字的部落不同，在有文字的文明民族中，教会记载保留了他们过去的生活。但是，随着人们越来越认可经济和政治权力，教会渐渐放弃了自己的权力。记录的形式虽然还保留着，但内容已经改变了。宗教、经济和政治，并没有分隔开来，它们相互交融，以至后来混杂在一起，密不可分。于是，人类学家能够探究出越来越多的，在他所研究的社会中发生的事情，并把范围扩散到经济、性生活、宗教、儿童教育等领域。然后，他就能搜集资料去验证在生活中设立的假说，并学会用政治、经济以及道德的术语，来表达各个民族的要求，最终，他就能理解这些民族从其社会经验中习得的思维方式和习惯。我写这本书并非为了专门论述日本宗教、经济生活、政治或家庭，而是要对有关日本人生活方式的各种观点进行研究。我只是描述了这些观点如何被表露而出，而非论述当时的活动。换句话说，这本书探讨的是，日本如何成为了日本民族。

在 20 世纪，我们面临着许多障碍，其中之一就是我们不仅对“日本如何成为日本民族”认识不清，以至观念偏颇，而且对“美国如何成为美利坚民族”“法国如何成为法兰西民族”“俄国如何成为俄罗斯民族”也是同样认知模糊。正是因为缺乏这方面的知识，所以各个国家之间彼此误解。有时，我们担心的仅仅是由细微的纠纷演变成的无法调解的分歧。一个民族在基于自身经验和价值体系时，其思想已经形成了与其他民族截然不同的行动方针，我们却企图与之谈论共同目标。如果我们了解了他们的习惯和价值体系，也许会发现，这个行动方针并非如我们所认为的那样不好。

每个民族的作家描述自己民族时都非常不容易，但我们不能完全相信他们对自己民族的思想与行动的说法。人们都是透过镜片来观察事物的，但这一点很难有人意识到。而每个民族在观察生活时所使用的镜片，也与其他民族不同。每个民族的焦距和视点，对他们来说都是上帝安排的，他们把这些当成是自然而然的。既然从不指望近视的人会清楚他们眼镜镜片的度数，那么也不要指望各个民族会对自己看世界的方式发表自己的看法。当我们想知道眼镜镜片的度数时，就训练一位眼科大夫，他会对镜片进行分析，然后告诉我们结果。毋庸置疑，社会科学工作者对当代世界各个民族而言，就像眼科大夫一样，终有一日他们的工作会得到认同。

做这项工作的人，必须同时具备强硬的内心和宽容的态度。有时候这些强硬会被一些善意人士指责。东方和西方，黑人和白人，基督教徒和伊斯兰教徒，“世界大同”的传播者们坚信这些差异都只是表面现象，还向世界各地的人们灌输这种信念，但实际上，人与人之间的想法只是相似。我不能理解的是，这种观点有时被称为“四海之内皆兄弟”，但我们既然认同“四海之内皆兄弟”的说法，那为什么就不能接受日本人有他们自己的生活方式，美国人也有自己的生活方式呢？这些善意人士有时似乎认为，全世界各民族的根源都是相同的，因此，国际亲善主义就建立起来了。但是，如果强行把这种单一性的观点当作尊重其他民族的条件，显然是非常神经质的事，就像把自己的观点强加给别人一样。而具备强硬内心的人是尊重差异的存在的，确立一个能容纳各种差异的安全世界，是他们的目标。美国可以仅仅是地道的美利坚，而不对世界和平构成任何威胁，法国、日本也可以是这样。意图通过外部因素形成压力，以抑制上述这种人生态度的成长，对于不相信差异是悬在人类头顶上的达摩克利斯剑（达摩克利斯剑，出自希腊传说，达摩克利斯被叙拉古僭主狄奥尼修斯一世所宠幸。相传有一次达摩克利斯受邀去赴狄奥尼修斯一世的宴会，被安排坐在黄金宝座上。狄奥尼修斯一世用金银器皿给他盛上各种美食佳肴，但在宝座上空悬了一把利剑，而这把利剑只是被马鬃吊着，随时都可能掉下来。达摩克利斯胆战心惊地坐在宝座上，随时都有可能一命归西。后来，人们就用“达摩克利斯剑”来形容“迫在眉睫的危险”）的研究者来说，这类想法都是无稽之谈。事实上，他压根就不担心这种立场会使世界僵化不变。文化上存在差异，世界并不会因此停滞。英国不会因为在伊丽莎白时代之后有安妮女王时代及维多利亚时代而丧失其英国特质。英国人能够适应不同的时代，是因为英国人一直是英国人，他们承认这个世界存在着不同的标准和民族气质。

在对民族差异进行系统研究时，既要强硬，又要宽容。而要具备这种宽容，就必须要有坚定不移的信仰。只有这样，才能推进宗教比较研究的发展。他们可能是耶稣教徒或阿拉伯学者，也可能不信教，但绝不是偏执狂。文化的比较研究也是一样，要想推进文化比较研究的发展，就必须抛弃小心翼翼守护的自身生活方式，并且要知道，这个世界上解决问题的方法不是只有自己的方式。有些人把自己置身于愉快充实的体验之外，他们绝不会懂得对自身文化热爱的提升，可以从其他生活方式的知识中得来。他们太过于保守，以至别无选择，只能强求其他民族接受他们的生活方式。就好像，我们强求一切民族接受我们所喜欢的信条，只因我们是美国人。我们无法用十二进位制代替十进位制来进行计算，也无法像东非的一些土著人那样，以金鸡独立的方式休息。同样，其他民族也难以接受我们的生活方式。因此，这本书阐述的是日本人的习惯，将论述日本人在哪些情况下能得到恭维，又在哪些情况下不能受到恭维，在什么时候会感到惭愧，又在什么时候会感到尴尬，等等。在本书所论述的所有事项里，最理想、最具说服力的依据，或许就是那些再平凡不过的街谈巷议者，什么样的人都有。当然，这并不代表这些人都曾经历过书中所提及的每一种特殊情况，只是说他们都承认在那些特殊情况下，其行为或想法与本书所述一致。我之所以要进行这样的研究，是因为我想要描绘出思想和行为深处的态度。或许本书未必能达到这个目的，但这是我的理想。在这项研究中，我们很快就会发现，并非考察资料越多就越有用，资料再多也不能保证准确性。比如，在统计日本人何时对谁行礼时，就完全没有必要对所有日本人进行调查。任何一个日本人都可以向你证明这种公认的行为习惯，不需要从成千上万的日本人中得到同样的结论，只需要抽样调查进行确证就行了。

要想弄清楚日本人的生活方式所依赖的基础观点，研究工作远比统计证实要艰巨得多。研究者要报告的是，日本人观察现存事物的镜片如何从公认的行为和习惯中形成，必须阐述日本人观察人生的焦距如何受到自身观点的影响，还必须使那些焦距完全不同的美国人也能够明白。“田中先生”这个普通的日本人并不一定是最有权威的，因为他并不能清晰地表明自己的观点。更何况在他看来，为美国人写的那些解释，基本上毫无意义。美国人对社会进行的研究中，大多数都认为文明民族的文化所建立的各种前提条件都是不言自明的，因而很少关注这些前提。社会学家和心理学家最拿手的研究方法是统计法，因此他们都全神贯注于意见和行为的“分布”，试图从大量调查资料、调查答卷、交谈者的回答、心理学的测定等方面找出某些因素的独立性，或相互依存的关系。在舆论调查领域中，他们会在全国范围内进行抽样调查，这种方法是通过科学选出人口样本来实现调研的，并且是在美国已达到高度完善的有效方法。想要了解某一公职候选人，或某项政策各有多少人支持和反对，就可以通过这种方法。他们还可以对支持者或反对者按乡村或城市、低薪阶层或高薪阶层、共和党或民主党来分类。这种调查方式对于一个实行普选，并且由国民代表起草颁布法律的国家来说，具有实践价值，十分重要。

美国人可以通过投票的方式来获取美国民众的意见，并分析调查所得的结果。但美国人之所以能够用这样的方法得到结果，是因为有一个非常明显，但又无人提及的前提条件，即他们都熟悉自己的生活方式并且认为这是理所当然的。舆论调查的结果只不过是让我们对已知的事物了解更多而已。对一个国家民众的习惯和观点进行系统的、有效的研究，是了解这个国家的必要前提，如此才能用投票这种方式调研。通过这样的抽样调查，可以了解到有多少人支持政府，又有多少人反对政府。但是，如果事先没有弄清他们对国家抱有怎样的想法，抽样调查的结果也并不能告诉我们些什么。只有在了解了他们对国家所抱有的想法之后，才能弄清各个派别在街头或国会中争论的事务。比起彰显各政党势力的数字，一个民族对政府所持的观点具有更普遍、更持久的重要性。在美国，共和党和民主党都认为政府限制了个人自由，是一种美国人几乎无法摆脱的灾难。对一个美国人来说，政府官员的社会地位并不比在民间从事其他职业的美国人更高，也许战争年代应该除外。美国人的这种国家观与日本人的观念天差地远，甚至与欧洲许多国家也存在巨大差异。首先，我们必须了解的是他们的这类看法是什么样的。他们的观点不仅表现在风俗习惯和对成功者的评论中，也表现在有关民族历史的神话、民族节日的辞令中。我们要做的，就是对这些间接表现进行系统的研究。

我们需要对某个民族在生活中所形成的基本观念以及他们所赞同的解决方法，进行详细的研究，就像研究选举中赞成票和反对票的比重一样。现在，日本是我们研究的对象，因而它的基本观念对我们来说非常有价值。的确，一旦我们深入地了解了西方人和日本人的人生观是多么不同，且掌握了一些日本人人生观里所使用的范畴和符号，那么西方人常看到的日本人行为中的许多矛盾之处就会容易理解一些了。我终于明白，在某些行为发生巨变时，日本人会认为是完整体系中的组成部分所引起的。我在和日本人一起工作时发现，他们最初用的那些奇怪的词句和概念，充满长年积蓄的感情，而且具有重大的含义，这是不同于西方人所了解的道德观和罪恶观的。他们的体系既不是佛教，也不是儒教，而是独特的包含日本优点和缺点的日本式体系。

第二章　战争中的日本人

关于战争的信条，尽管各有不同，但在每个文化传统中都会存在，其中有些被西欧各国所共同认可。诸如，在西欧国家的战争中，我们可以预料到号召全力进行战争的动员方式、局部失败时坚定信心的方法、战死者和投降者的某种稳定比例以及对战俘设置的某些行动规则，等等。因为这些国家同属一个文化大传统，包括战争本身也属于这个文化大传统。

日本人同西方人在战争惯例上的千差万别，全都可以用来了解二者的人生观以及二者对人的全部责任的看法。不必管那些不符合我们信条的事物于军事方面是否重要，因为我们的目的是对日本文化及行为进行系统研究。他们提出的，与日本人性格相关的许多问题都需要我们来给出答案，因此，日本人的每一个行为或许都非常重要。

日本为其战争的正义性进行辩护，所阐述的前提条件和美国的可谓南辕北辙，同时他们衡量国际形势的观点与美国也完全不同。美国认为，发起战争的原因是轴心国的侵略。日本、意大利、德意志三国发起了世界战争，以征服的行动非法地破坏了国际和平。轴心国推行的是压迫弱小民族的罪恶方针，这从他们所占领的地方，不论是中国东三省、埃塞俄比亚还是波兰都能看出来。“自己生存也让别人生存”的法则和对自由企业“开放门户”的国际准则，被他们侵犯践踏了。日本则对发起战争的原因持有不同看法。在他们看来，只要各国的绝对主权还存在，世界上的无政府状态就会一直延续。因此，建立等级秩序，是日本必须战斗的动力。只有日本是真心建立起了从上至下的等级制的国家，也是最了解“各得其所”必要性的国家。他们想当然地认为，等级秩序建立的领导者只能是日本。日本平定了内乱，实现了和平统一，修建了公路，发展了电力、钢铁产业。官方公布的数据表明，在日本，有99.5%的青少年都到公共学校接受了教育，因此，中国这个落后于它的兄弟，是需要它的帮助的。日本应该将美国、英国和俄国，从中国这一区域内驱逐出去，使之“各得其所”，因为“大东亚”各国是同一族群。各个国家要想达到“形成统一世界”这一目标，就应该在国际等级架构中确定自己的位置。这种等级架构受到高度的评价，我们将在下一章中探讨这种等级制在日本文化中所具有的含义。这是一种幻想，是由日本民族创造出来的，并且最符合日本人的口味。但那些被日本占领的国家，在看待这一理想时，则持有不同观点，这对日本来讲是最大的不幸。尽管如此，日本即使战败了，也还是坚持“大东亚”这一理想的。而且，连最不好战的日本战俘也几乎不会指责，日本对大陆和西南太平洋地区所怀抱的理想。在今后相当长的一段时期内，日本将会一直保持它的某些固有态度，对等级制的信仰和信赖就是其中最重要的一项。而热爱平等的美国人，在这一点上与他们水火不容。但是，等级制对日本来说意味着什么又有什么好处，是我们必须去了解的。

对于胜利的企望，日本所寄托的基础与美国的公认见解很是不同。日本叫嚣着“日本必胜”“精神必将战胜物质”，并认为，虽然美国是个军备力量优越的大国，但那又算得了什么。他们根本没有把这些放在眼里，因为他们早就知道了——“我们如果害怕数字，就不会开战，敌人的丰富资源并非这次战争创造的。”这是日本人从他们的大报纸《每日新闻》上读到的。

在日本胜利的阶段，日本的政治家和军人们都反复强调，这次战争是日本人信赖的“精神”与美国人信赖的“物质”之间的战争，而不是军备上的较量。在美国胜利的时候，他们也还是反复地说：“在这场战争中，物质力量注定会失败。”当他们在塞班、硫黄岛溃败时，毫无疑问，这一信条成了很方便的遁词。它在日军炫耀胜利的数月中，一直发挥着催人奋进的作用，并且早在日本偷袭珍珠港以前，就成为深入人心的口号，所以它显然并非是专门为失败而准备的遁词。前陆军大臣荒木大将是个狂热的军国主义分子，早在20世纪30年代，他在一本名叫《告日本国民书》的宣传册中写道：日本的“真心使命”是“弘扬皇道于四海，力量悬殊不足忧，吾等何惧于物质”。

当然，他们也会像许多备战国一样有所担忧。在整个20世纪30年代，国民总收入在军备上的支出，以惊人的速度增加着。尤其是在偷袭珍珠港的那年，日本用在陆海军的军备上的资金几乎占了国民总收入的一半，而民用行政支出只占了政府总支出额的17%。显然，日本对物质军备的淡漠，并非其与西方各国的区别所在。不过，军舰和大炮只是永不落的“日本精神”的表面象征，就像武士的佩刀，象征着武士的道德品质一样。

美国向来追求的是强大，而日本始终重视的是非物质化。日本也像美国一样开展增产运动，却有着独特的前提条件。他们认为，精神就是一切，是永存的，不可磨灭的，物质是次要的、瞬间的，但也是不可缺少的。日本的广播电台常常大肆宣扬：“任何物质资源都是有限的，世间不存在千年不灭的物质，这是亘古不变的真理。”这种精神上的信仰，被完整复制应用于战争的日常行动之中。他们的战术手册里就有这样的口号：“以吾等之训练，对抗敌军数量上之优势，以吾等之血肉，对抗敌军之钢铁。”他们的传统口号便是如此，并非为此次战争而特定，其军队手册首页就用明显的粗体字印着“必读必胜”四字。日本的飞行员驾驶着小型飞机，以自杀的方式展开进攻，撞击着我们的军舰，这就是他们“精神战胜物质”的教材之一——被他们称为“神风特攻队”，所谓“神风”，源自13世纪，成吉思汗东征时，其船队因为遭遇飓风而全军覆灭，而这次飓风，也就是“神风”，拯救了日本。

日本当权者甚至在民间也推行“精神优越于物质条件”这一信条。例如，当老百姓们在工厂里干了12个小时，又被昼夜轰炸搞得筋疲力尽时，他们就说：“身体疲乏了，意志、精神就昂扬起来了”“疲倦是可以锻炼人的”。大冬天，老百姓们在防空洞里寒冷难耐，大日本体育会就说，御寒体操不仅能代替被褥和取暖设备，还可以代替一般人为维持正常体力所需的，但又很匮乏的食物——他们在广播里号召大家做御寒体操。他们说：“当然，肯定有人会说，现在食物那么匮乏，我们还做什么体操。这是不对的。食物越是不足，我们就越要用其他方法来增强体力。”换句话说，增强体力的方法是额外消耗体力。而美国在计划可以消耗多少体力时，总是先看前一天的睡眠时间是八小时还是五小时；饮食是否正常；身体是否寒冷，等等。但日本则认为那是物质主义，根本不会考虑储存体力的问题。

战争期间，甚至是在战斗中，日本的广播还会宣扬“精神可以战胜死亡”。曾经有家广播电台播送过一个英雄飞行员战死的神话：“日本的飞机在空战结束后，以三四架飞机为一组的小编队飞回了机场。在最先回来的一批中，一位大尉从自己的飞机上下来，站在地上静静地用双筒望远镜观察着天空。他默默地数着一架架返回的飞机，脸色有些苍白，却非常镇定。在看到最后一架飞机返回后，他写下报告，走向司令部。到了司令部，向司令官做了汇报后，就倒在了地上。在场的军官们急忙跑上前去，但他已经断气。经过检察发现，他的躯体已经冰凉，胸口上有致命的弹伤。可是，一个身体冰凉的人是不可能刚断气的，而大尉的身体如同冰块一样冷。他肯定早就死了，是他的精神意志支撑着他完成了这次汇报。可以肯定，是强烈的责任感让已逝的大尉创造了这样的奇迹。”

当然，这在美国人看来，显然是个编造的事件。然而，即使是受过教育的日本人，也不会这么认为，他们听到这种广播依然很严肃，并不会觉得可笑。他们认为这个广播如实地说明了“一个奇迹般的事实”，也就是这位大尉的英雄事迹。奇迹为什么不能存在？灵魂是能够受到训练的。这位大尉显然是一位高手，并且已经达到炉火纯青的境界。日本人认同“镇定的精神可以千年不灭”，那么也会认同，这种精神可能会在一位将责任视为全部生命的大尉身上停留几个小时。日本人深信，一个人的精神可以通过特殊的修炼达到最高境界。大尉学会了，并且成功了。

作为美国人，我们将日本人的这一系列极端行为视为贫穷民族的遁词，和受骗者的幼稚妄想，并表示出不屑一顾。但如果我们真的这样看待，那么就很难战胜日本人。他们的信条是用一定的禁忌、排斥，通过一定的训练方法，灌输到每个日本人心中，并培植得根深蒂固，绝不只是孤立的怪癖。美国人只有先了解了这些，才能了解日本人在战败时所说的“光有精神是完全不够的”“企图用‘竹枪’来守住阵地是不可能的”这些话的真正含义，并估量出其能量。不论是在战场上，还是在工厂中，经过与美国人的精神较量后，日本人发现他们的精神力量远远不够。正如他们在战败后所说的那样，在战争中，他们“完全是凭主观意识的”。

在战争期间，日本人对各种事情的说法，都为比较文化的研究者提供了材料，并不仅限于关于等级制以及“精神力量高于物质力量”的说法。他们谈论安全、士气等问题，当然，这些谈论也只不过是为精神准备的。不论是遇到城市的空袭、塞班岛的溃败，还是遇到菲律宾失守，日本政府对老百姓所做的解释总是：不用担心，这些都在预料之中。广播宣传依然很夸张，日本政府显然指望百姓们继续相信，他们居住的世界仍在掌控之中。这是使老百姓镇静下来的最好方法。“我们早就估计到了，美军占领基什加岛会使日本本土处于美军的轰炸圈内，我们已经做好了必要准备”“在制订计划时，我们早就考虑到了敌人肯定会以陆、海、空三军的立体战术向我们发动攻击”。轰炸无法摧毁日本人的士气，因为他们对此“早就做好了思想准备”，这是日本战俘，甚至是那些希望日本早日结束这场没有希望的战争的俘虏所认为的。在美军开始对日本进行轰炸时，飞机制造业协会副会长在广播中说：“我们飞机制造业者早就预料到敌机会飞到我们头顶上空，对此我们已做好万无一失的准备，不必有丝毫的担心”“一切都在预料之中，全都策划好了，绝对万无一失”。只有从这一信念出发，日本人那种势在必得的主张才能继续坚持下去，而且绝不是被动的，也不是别人强加的。“我们应该认为，是我们主动把敌人吸引到身边来的，而不应该认为，我们被动地受到了攻击”“敌人，你要来就来吧”。当有事情要发生时，他们会说“我们所期待的终于来了，让我们欢迎它的到来”，而绝不会说“要发生的事终于还是要发生了”。海军大臣在国会的演说中引用了19世纪70年代的伟大武士——西乡隆盛的遗言：“这世上有两种机遇，一种是偶然遇见的，一种是自己创造的。当你处于无比艰难的时期，且不存在偶然性时，必然只能依靠自身去创造机会。”据电台报道，美军突袭进入马尼拉市中心时，山下将军“只是微微一笑，而后得意扬扬地说，‘敌人现在已经落入我的怀中了……’”“敌军在仁牙因湾登陆后不久，马尼拉市迅速沦陷，这其实是山下将军的计谋，而事态的发展也恰恰朝着将军所部署的方向在前进。山下将军的作战计划仍在继续”。换句话说，他们认为现在输得越惨，事态发展得就越顺利。

美国人也像日本人一样在走向极端，只不过是走向另一极端。美国人全力以赴投入的战争，是被别人强加于身的。我们要教训教训对方，因为我们遭到了攻击。我们的发言人会考虑如何才能稳定美国大众的情绪，在谈及珍珠港、巴丹半岛的溃败时，我们绝不会说：“这些都是我们预料之中的事，不要担心。”反之会说：“既然这是敌人肆意蛮干的，那么我们就要给他们一点颜色看看。”美国人随时准备应战，把自己的全部生活调节到应对战斗上。而日本人的信念则建立在，事事都要预先计划好的生活方式上，在他们看来，“未曾料到”就是最大的威胁。

日本人的生活方式也体现在作战时经常宣传的另一个主题中。他们必须充分发扬日本精神，因为“全世界的眼睛都在注视着他们”。美军在瓜达尔卡纳尔岛登陆时，日军向其部队宣称，他们已处在“全世界”的注视之下，要求自身必须表现出日本男儿的本色。日本海军士兵有一则禁令，在遭受鱼雷攻击，并收到弃舰命令时，必须用最出色的姿态转移到救生艇上，否则“你们会遭到世人耻笑，而美国人会把你们的丑态拍成电影，并拿到纽约去放映”。这关系到全世界对他们的观感。在日本文化中，他们对这一点的重视也是无法动摇的。

在关于日本人的态度问题中，他们对天皇陛下的态度最令人关注。天皇对其臣民的控制力到底有多大？美国有几位权威人士指出，在日本七百多年的封建时期中，天皇一直是名不副实的傀儡元首。实际上，每个人所尽忠尽诚的对象是大名——他们各自最直接的主君以及大名之上的将军——也就是军事大元帅，几乎没人关心是否要对天皇忠心耿耿。天皇被幽禁在与社会隔绝的宫殿之中，其活动和仪式均受到规章制度的严格限制，而这些规章制度则由将军来制定。一个地位很高的封建诸侯，如果对天皇表示敬意，会被视为背叛。而对于日本百姓来说，天皇更是没有什么存在感的。那么，一个在百姓头脑中印象模糊、默默无闻的天皇为什么还能被拥戴，并成为日本这个保守的民族重新集结力量的真正中心呢？一些美国学者坚持认为，只能从日本的历史中寻求答案。他们觉得，那些反复强调天皇对其臣民拥有至高无上统治权的日本评论家，着实有些夸大其词，他们的强调只能证明自身论据的脆弱。因此美国当初的战时政策，根本没有必要礼遇日本天皇，与之相反，我们有许多的理由，对这种编造出来的、邪恶的元首观念实施猛烈抨击。天皇是日本神道的核心，倘若我们挑战并摧毁了天皇的神圣性，那么日本社会结构必将崩溃。

许多熟悉日本，并读过来自前线或日本方面报道的美国人，则持有完全相反的观点。在日本生活过的人都非常清楚，最能刺痛日本人，并激起他们的士气的，是用言辞侮辱或攻击天皇。这些人绝不会相信，日本人会把我们对天皇的抨击，视为对军国主义的攻击。他们在第一次世界大战后，看到军人外出时都要谨慎地换上便装，因为那时到处都喊着“德谟克拉西”的口号，军国主义臭名远扬，但是，日本人对天皇崇敬依旧。这些在日本居住过的人们声称，日本人对天皇的崇敬，不能与“希特勒万岁”这个充满罪恶的法西斯信条相提并论。

日军俘虏的证词验证了上述观点。与西方军人不同，由于日本的不投降主义，日本军人没有接受过在被俘后“可以说什么、不能说什么”的训练，因此，他们对各种问题的回答明显缺乏一致性。直到战争结束前几个月，这种情况在部分军团和地方部队中也毫无变化。日军俘虏的证词俨然是日本军队意见的一个横断面，值得我们予以重视。他们投降并非因为士气低落，也不会因投降而丧失了典型代表性，大多数人被俘都是因为受伤，或失去知觉后而无力抵抗。

在那些顽强抵抗到底的日军俘虏看来，他们的极端军国主义思想都源自天皇，他们是在“遵奉圣意”，是为了让“天皇放心”，是“为天皇而献身”，他们认为“指引国民参加战争的是天皇，服从天皇是我的天职”。然而，那些反对此次战争及日本全球侵略计划的日本人，把他们的和平主义也归因于天皇。对所有日本人而言，天皇意味着一切。和平主义者称，天皇是“爱好和平的陛下”，反复强调天皇“是一位自由主义者，由始至终都在反对战争”，天皇“是被东条英机欺骗了”“在满洲事变时，陛下是反对军部的”“天皇不喜欢战争，也不让国民卷入战争。战争是在天皇不知情和没有许可的情况下发动的。因此，天皇并不知道他的士兵受到了怎样的虐待”。德国战俘的证词则完全不同。不管对希特勒手下的将军或最高司令部背叛希特勒的这种行为有多么不满，他们仍然认为，一切备战和战争的后果必须由希特勒这个战争最高赔偿者来承担。但是，日本战俘则明确表示，军国主义及侵略战争的政策，与他们对天皇的忠诚是完全不同的两码事。

在日本人眼中，天皇和日本密不可分。“没有天皇的日本就不是日本”“日本的天皇代表着日本国民，他不仅是国民宗教生活的中心，更是超越宗教的信仰对象”。天皇不会因为日本战败而受到谴责。“老百姓认为一切战争的责任都不能由天皇来承担”“即使战败，天皇也是没有责任的，所有后果应该由内阁和军部领导来承担”“不管日本是否战败，所有的日本人都会继续尊崇天皇”。

通常，美国人认为，人都会受到怀疑和批判，所以他们对这种“天皇超越一切批判”的论调感到可笑。但是，直到战败，日本的舆论都毫无改变，包括协助我们、为我们向日军做广播的战俘在内，没有一个会诽谤天皇，所以最具审讯战俘经验的人，绝不会在每份审讯笔记上都写下“拒绝诽谤天皇”的字样。从各地汇集起来的众多战俘口供中发现，反对天皇的只有三份，而且还表达得很委婉。其中一份表示，“天皇继续在位的话，将是一个错误”，另一份则说，天皇“只不过是个傀儡，意志非常薄弱”，而第三份则是猜测，“天皇可能会让位于皇太子”，并说道“如果日本废除君主制，日本的女性也许就能获得她们梦寐以求的自由，像美国女性那样的自由吧”。

在这种情况下，日本军部的统领将全体日本人民对天皇的崇敬利用了起来，向部下分发“天皇恩赐”的香烟，并在天长节时，率领部下向着东方拜三拜，高呼“万岁”。在受到日夜轰炸时，他们和部下一起诵读天皇在“军人敕谕”中，亲自向军队颁赐的“圣旨”“奉诵声回荡在森林中”。军国主义分子极力地利用着日本人对天皇的忠诚，号召其部下要“奉诏必谨”“免除圣虑”，要“对陛下的仁慈怀有崇敬之心”，要“为天皇而献身”。

但是，这种在精神上对天皇的尊崇却也是一把双刃剑。正如许多日本战俘所说的，日本人“即使只有一杆竹枪，只要得到天皇的命令，也会毫不犹豫地加入战斗。同样，日本人也会在得到天皇的命令时，立即停止战斗”。“只要天皇下诏投降，日本军队就会在第二天放下武器”，甚至“连东北关东军这个最强硬好战的部队也会放下武器”，因为“日本国民只有得到天皇的圣旨，才会承认战败，并愿意为重建家园而生存下去”。

日本人对天皇无条件忠诚，但对天皇以外的人和集体则严厉批判，这两者形成了鲜明的对比。在日本的报纸杂志和日军战俘的供词中，有许多都是针对政府和军部领导人的批判。战俘们大骂那些不能与部下共同战斗的前线指挥官，更是痛恨着那些撇下士兵坐飞机逃跑，而让士兵们顽抗到底的指挥官。他们常常一边赞扬着一些军官，一边又严厉谴责着另一些军官。他们具有对事物善恶的分辨能力，指责日本政府的人和集体，甚至包括日本国内的报纸、杂志。他们认为政府不能令人满意，要求更强有力的领导者上任，政府要担起更多的协同努力的职责，他们甚至对政府限制言论自由进行抨击。在1944年7月，东京一家报纸刊登了一篇座谈纪要，这次座谈会有大政翼赞会这个日本极权主义政党的领导人、前国会议员、新闻记者参与，期间一位发言者说：“我认为在振奋日本民心的诸多方法中，言论自由是最主要的。近几年来，日本国民都担心自己讲了些什么不允许说的，而受到惩罚，他们不敢直言心中所想。他们满腹狐疑，但不敢说出来，只是表面搪塞，变得胆小如鼠。这样的日本人，是绝不可能发挥出国民力量的。”另一位发言者也附和道：“几乎每天晚上，我都和自己选区的选民就各种事情座谈到深夜。当我征求他们意见时，他们唯唯诺诺不肯开口。言论自由完全被限制了，但这并不能激发日本国民的斗志。在战时的特别刑法和治安维持法下，日本国民的言论自由深受限制，就像封建时期一样。正因为这样，本来可以发挥出来的战斗力，现在却被抑制了。”

日本人并没有无条件地接受等级制的优越性，即使在战时，他们对政府和大本营，甚至对他们的直接上司都进行了批判，唯独天皇除外。日本是到了近代才确立天皇至高无上性的，为什么天皇会如此受到尊崇？天皇的这种神圣不可侵犯的权力是从日本人什么怪癖中获得的？日本人只要得到天皇的命令，就会“挥舞竹枪”，战死沙场。同样，他们也会在天皇下达的敕令中，老老实实地承认战败，接受占领。日本战俘会不会故意欺骗我们？他们的这些话可信吗？会不会是无稽之谈？

从对物质主义的偏见，到对天皇的效忠态度，日本人作战行动的这些相关重要问题，不仅关系到前线战事，更是关系到日本国内环境。另外，关系着日本军队行动的，还有其他一些态度，其中包括对日军战斗消耗力的态度。当台湾海峡机动部队指挥官乔治·爱斯·麦肯因将军获得美国颁发的海军勋章时，日本的电台广播表现出极度惊讶，其态度与美国人截然不同。

他们发布的广播内容如下：

“对指挥官乔治·爱斯·麦肯因受勋这件事，官方给出的理由并非他击退了日军。尼米兹的公报已宣称他击退了日军，因此我们不了解官方为什么不这样说……官方给出麦肯因受勋的理由是，他成功地救起了两艘损坏的美国军舰，并护送它们安全到达基地。这是件实实在在的事，而不是虚构的，这也是它的重要性所在……我们对此并没有感到怀疑，因为麦肯因将军确实救了两艘军舰。但是，我们希望你们了解‘在美国，救了两艘军舰就能受勋’这件事。”

美国人会对陷入困境者的一切帮助行为以及一切救援行动都深受感动。如果受难者从他们的勇敢行为中获救，那么这种行为就更加是英雄行为，而日本人却不愿将这种行为用在此类救援上。日本人甚至把我们在B29轰炸机和战斗机上配备救生设施的举动，也视为“胆怯”的行为。他们的报纸、广播反复强调，只有视死如归的行动才是至高无上的，而谨小慎微的行动则毫无价值。在对待伤病员时，这种态度也表现得淋漓尽致。他们把这些士兵看作废物，所提供的医疗服务非常差，甚至连维持正常的战斗力都不够。本来就缺少医疗设施，时间久了，补给困难，情况就更加糟糕。这只是日本人对物质主义不屑态度的一部分体现。日军士兵被上级教导，死亡本身就是精神的胜利，对伤病员进行照顾，反而是对英雄主义的干扰，就像在轰炸机上配置安全设备一样。首先，日本人在日常生活中就不似美国人那样习惯咨询医生。美国人对伤病员的怜悯，要大大地超过对其他福利设施的关心，常来美国旅游的欧洲人也经常谈论这一点。而这些对日本人来说是陌生的。总之，在战时，能够在战火中搬运伤员并进行抢救的专业救护组，日本军队一个也没有，甚至连前线救护所、后方野战医院以及远离前线的康复医院等系统的医疗设施也没有。对医疗品的补给就更加令人叹息了。在某些紧急情况下，伤病员会被直接杀掉。特别是在新几内亚和菲律宾，日本军队经常被迫从有医院的地点撤退，而他们根本不会预先转移伤病员。他们只是在部队真正执行“有计划撤退”时，或是敌人已经逼近时，才采取一些措施。而那时，军医往往会在撤退前，将伤病员全部枪杀，或是命令伤病员用手榴弹自杀。

1945 年 10 月 15 日，《华盛顿邮报》在一篇报道中写道:“既然日本人对待伤病员的态度，是对待本国同胞的基本原则，那么，他们的这种态度在美军战俘身上会更甚。在我们看来，日本人不管是对战俘还是对自己的同胞，都犯下了虐待罪。前菲律宾上校军医哈罗鲁得 • 格拉特里说，他作为战俘，被监禁在台湾，三年时间里，‘士兵俘虏营中的盟军军医会照顾盟军俘虏，而日本军队却连一个军医都没有，因而美军战俘所受到的医疗护理，远远超过了日军士兵。有一段时间，日军中唯一的专门给自己人治病的医务人员，由下士升到了中士。’这位上校一年也见不到日本军医几次。”

关于日本这种战争消耗理论，他们的不投降主义就是最极端的表现。任何西方军队在尽了最大努力而依然毫无希望时，便会向敌军投降。即使投降，他们也仍然认为自己是光荣的军人，而且按照国际协议规定，他们还活着的消息将会被通知给家属，而且此后不管是作为一个军人还是平民，在家庭中也不会被看不起。然而，日本人则完全不同。他们认为荣誉就是战斗到最后一刻，即使是在最绝望的情况下，日本士兵也绝不应该投降，而应当用最后一颗手榴弹自杀，或是手无寸铁地冲锋陷阵，进行集体自杀式进攻。如果因为受伤，或失去知觉而被俘，就应当深感羞耻，“回国后再也抬不起头来”。没了名誉，相对于从前的生活来说，人就已经死去了。显然，用不着对前线的日本军队进行上述的教育。日本士兵会严格地遵守这条军纪，于是我们看到，在北缅会战中，被俘者有 142 人，战死者有 17166 人，比例约为 1:120。而且，这 142 名被俘者中，大多数是因负伤或昏迷，投降者几乎为零。在西方军队，如果战斗时阵亡者达到全军的四分之一，或三分之一时，基本上便会停止抵抗，他们的投降者和阵亡者的比例大约是 4:1。日军的第一次大规模投降是在霍兰迪亚，其被俘者与战死者比例约为 1:5，比起北缅的 1:120，已经进步很多了。

所以，在日本人看来，单单是投降就已经够可耻的了，因此那些成了战俘的美国人，就算是没有受伤，也被日本人视为“废物”，被排除在“完好的人”的范畴之外。大部分美国人都知道，在战俘营里，如果美国人发笑，会是件多么危险的事情，还会刺激到看守的日本士兵。对日本人来说，当战俘是奇耻大辱，是无法忍受的，美国人居然不懂。日本军官要求美国战俘必须服从的命令，其中有许多也是战俘营的看守们必须遵守的。日本士兵急行军令，或是乘坐拥挤得像沙丁鱼罐头般的运输船转移，是常见之事。有些美国人还说，日本哨兵反复强调，让他们隐瞒自己的违章行为，因为一旦公开，就成了最大的犯罪。战俘白天外出工作时，是禁止把食物从外边带回来的，但这个规定常常被打破，只要把食物包裹好不被发现就行。但是，一旦被发现，就会被视为猖狂的犯罪，日本哨兵就会认为美国人侵犯了他们的权威。哪怕是一句“顶嘴的话”，也会被看作是公然挑衅，会受到严厉惩罚。在日本军队中，顶嘴是必然会被严惩的行为，就算是在日常生活中，日本人也严禁顶嘴。这么看来，战俘营中确实存在许多暴行和虐待。我们会将文化习惯所导致的行为和暴虐行为区分对待，但不会对暴虐行为予以宽恕。

尤其是在开战之初，日军士兵坚信所有的战俘都将被敌军虐杀，因此更加以投降为耻。在日本各地，广为流传着一个谣言，说美军用坦克碾死了瓜岛上的俘虏。我军对那些打算投降的日本士兵产生了怀疑，因慎重而杀了他们。但这种怀疑并非没有道理。一个日本士兵认为除了死亡之外别无选择，与敌人同归于尽是他们最后的荣誉，他甚至在被俘后也会这么干。就像一个日军战俘所说：“如果已下定决心要把自己献给胜利的祭坛，但又没有壮烈牺牲，那将是奇耻大辱。”我军因为这种可能性而对日本军队格外警惕，这也使得日军的投降人数越来越少。

日本人的思想里已被深深地烙上了“投降是可耻的”这几个字，这与我们的战争惯例完全不同，而我们的行为在他们眼里也同样难以理解。他们对那些要求把自己的姓名通知到本国政府，以便让家属知道自己还活着的美军战俘，非常不屑。大多数的日本士兵都想不到，巴丹半岛的美军会向他们投降，他们认为美军会奋战到底，就像日军一样。他们实在无法理解，为什么那些美国人会丝毫不以投降为耻。

在西方士兵和日本士兵之间的差别中，最戏剧性的莫过于日本士兵竟会在被俘后与盟军合作。他们根本就不会去适应这种新环境。他们的名誉丢了，也就相当于把自己作为日本人的生命给丢了。直到战争快要结束的前几个月，才有极少数的日军战俘，不管战争最后的结局是什么，都要求回国。有些人在要求处决自己的时候说:“如果你们的习惯不允许你们这么做，那么我就做一个模范战俘。”其实他们比模范战俘还要模范。给我们指出弹药库的具体位置的是一些老兵，还有某些多年的极端国家主义者，他们仔细说明了日军兵力的配置，并为我军撰写宣传品以及在轰炸机上为我军飞行员指点军事目标，就好像他们在自己的生命中翻开了新的一页，虽然内容与旧的一页完全相反，但他们的忠诚却是一样的。

当然，并非所有的日军战俘都是这样。依然有少数人顽固不化。而且，不管怎样，必须先提供一些有利条件，才可能有发生上述行为。有些美军指挥官很警惕，不敢接受日军战俘的协助,认为那是表面上的姿态而已,因此日军战俘可能提供的“帮助”，在某些战俘营根本不会被利用。但在接受日军战俘协助的战俘营中，美军指挥官会先消除原有的怀疑，然后对日军战俘日益信赖。

日军战俘们会做出180度的大转变，这与美国人的信条相违背，是我们完全没有预料到的。但日本人的行为就好像是，选择了某条路后便全力以赴，如果失败了，那就自然地走上另一条路。他们的这种行为，我们在战后可以加以思考和利用吗？这是否只是个别被俘日本士兵的特殊行为？这些特殊行为是否与日本人在战争期间的其他特殊行为一样？这些现象引出了有关日本人的许多问题，其中包括他们的整个生活方式，各种制度的作用方式以及他们的思维和行为习惯，等等，值得我们深思。

第三章　各得其所

我们要想了解日本人，就必须先弄清他们口中“各得其所”这句话的含义。他们信赖等级制，而我们则信仰自由平等，天差地远。赋予等级制正当性，并把它当作一种可行的社会结构，这在我们看来是非常困难的。日本人对等级制信赖的基础，是人与同伴以及个人与国家之间关系的整体观念，因而我们必须对他们的民族习俗，如家庭、国家、宗教信仰及经济社会生活等进行详细地阐述后，才有可能真正了解到他们对生活的看法。日本人对国际关系问题的看法，同对国内问题的看法一样，也都是用等级制作为基础的。过去的十年里，他们认为自己处于国际等级制金字塔的顶端，但现在，西方各国显然已经取代了他们的这种地位，他们也接受了现状，只不过仍然对等级制观念执着于心。日本的外交文件中，多次表明了对“各得其所”这一观念的重视。1940 年，日本在签订的《日德意三国同盟条约》的前言中说道：“大日本帝国政府、德国政府和意大利政府深信，持久和平的前提是使世界各国‘各得其所’……”此条约签订时，天皇在所发的诏书中再次提到了这一点。诏书中说:“弘扬大义于八方,缔造神舆为一宇,实我皇祖皇宗之大训,亦朕夙夜所眷念。今世局动乱不知胡底,人类蒙祸不知何极。朕所珍念者,唯在早日勘定祸乱,光复和平……兹三国盟约成立,朕心甚悦。唯万邦各得其所,兆民悉安其业,此乃旷古大业,前途尚遥……”

日本特使在偷袭珍珠港的当天,向美国国务卿赫尔递交的声明中也非常明确地提到了这一点:“……使万邦各得其所乃帝国坚定不移之国策……,与上述使万邦各得其所之帝国根本国策背道而驰,帝国政府断然不能容忍。”

这个声明是针对赫尔声明所发出的,在此数日前,赫尔在声明中着重强调了美国尊重的最基本的原则,这一原则正如等级制在日本的地位。赫尔国务卿提出了,不侵犯各国主权及保持其领土的完整性;互不干涉其内政;信任国际合作及和解;平等,这四项原则。这些对信奉平等和权利不可侵犯的美国人来说异常重要,也是我们在国际关系中,甚至在日常生活中都必须遵循的准则,我们认为,平等不仅是追求一个更美好的世界的基础,也是我们作为人最崇高、最道德的基础。平等意味着自由,它不受专制压迫、不受干涉、不受强制;平等意味着在法律面前人人平等,人人都有权利改善自己的生活条件。当今世界若要有组织地实现基本人权,就必须尊重平等的基础和原则。即使这个原则被我们自己打破了,我们也同样会支持平等的正义性;会义愤填膺地向等级制宣战。

美国自建国以来，观点始终如一。这个原则被杰斐逊写入了独立宣言。此外，被写入宪法的《权利法案》也是以此为基础的。对一个新成立的国家来说，公开文件中写到的这些正式词句十分重要，因为它们反映的是，这个国家的人们在日常生活中所形成的不同于欧洲人的生活方式。19世纪30年代初期，年轻的法国人阿列克斯·托克维访问美国后，写了一份有关平等问题的国际报道。虽然美洲大陆对托克维来说完全是另一个世界，但作为一个观察家，他敏锐聪明，因此也能在美国，这个对他来说陌生的国家中发现许多优点。据当时仍很活跃且具有一定影响力的人士回忆，法国的贵族社会在受到法国大革命的震撼和冲击后，又迎来了《拿破仑法典》。而托克维就是在这样的法国贵族社会中长大的。他对新奇的美国生活秩序表现出了宽容的态度，并给予了高度的评价，只不过，他是站在法国贵族的立场上来观察的。他宣告世界即将迎来的新事物。他相信，欧洲也会走上美国的这种发展道路，虽然会有些不同。

因此，他详细地报告了这个即将到来的新世界，并认为只有在这个世界里，人们才会真正地感受到平等——他们将会有一个新的、和谐的社会交往环境，人们以平等的身份交谈。美国人从不拘泥于等级的繁文缛节，也从不会要求别人有这些礼节，更不会对别人施与这些礼节。任何人都没有给过他们恩惠，这是他们最喜欢说的。古老贵族式的，或是罗马式的家族在那里是不存在的，这种在过去占统治地位的社会等级制消失了。

他说，平等就是这些美国人的信仰，除此以外别无其他，因为有时候他们甚至对自由都会忽视，而平等却被他们系在生命中。

在读了外国人所描述的，一个多世纪以前，我们祖先的生活状态后，美国人深受鼓舞。我国虽然变化了不少，但基本的轮廓并没有变。读了这部法国人的著作，我们认为，美国在1830年时就已经是我们所了解的美国了。在这个国家里，不管是过去，还是现在，都存在像杰斐逊时代的亚历山大·汉密尔顿那样的人，他们偏爱贵族式的社会秩序。然而，汉密尔顿以及像他那样的人也承认，在美国，我们的生活方式并非贵族式。

因此，在珍珠港事件的前一天，我们对日本宣布了我们最信奉的原则，也就是作为美国太平洋政策的那些最高理论基础。我们相信，朝着我们所指出的方向前进，每走一步都将对这个世界有所改善。而日本人宣布他们信奉“各得其所”，也是他们从社会经验中获得的生活准则。从古至今，不平等都是日本民族有组织的生活准则，这条准则既最容易被预料到，又能被最广泛地接受。他们接受等级制，就像呼吸一样自然，但又并不像西方式权威主义那样简单。在日本，统治别人的人，与被他人统治的人，都是按照与我们完全不同的传统来行事的。现在日本人已经承认，美国处于等级制的最高位置，因此，我们就更有必要对他们的习惯加以了解。只有这样，我们才能更容易地分析出，他们在当下会采取什么样的行动方式。

不管近年来日本是否被西化，它依然是个贵族社会。日本人在每一次的寒暄或相互接触中，都会表现出双方社会地位差距的性质和程度。他们在讲“吃”或“坐”时，也都会根据对方与自己的亲密程度，或辈分来使用不同的表达词汇。比如“你”这个词，就有好几个，不同的“你”会在不同的场合中用到，动词也是如此，不同的场合中用到的动词也会有不同的词根。也就是说，像许多其他太平洋上的民族一样，日本人也使用“敬语”，并还会伴有一些适当的动作，如鞠躬和跪拜。所有的这些动作，不只是简单的动作，而是有详细的规矩和惯例的。向谁鞠躬，以及鞠躬的程度，都是每个日本人必须懂得的。对某一个主人来说，这个鞠躬非常合适，但因为和鞠躬者的关系不同，而会被另一个主人视为无礼。鞠躬的方式有很多，从简单的点点头、动动肩，到跪在地上、双手伏地、额触手背的最高跪拜礼，每个日本人从小就必须学习，在哪种场合该行哪种礼。

确认等级差别时不仅要使用适当的礼仪，而且还必须把性别、年龄、家庭关系、过去的交往等因素考虑在内。在不同的情况下，相同等级的两个人也要表示不同程度的尊敬。老百姓可以不必对其好友行礼，但如果好友身着军服，身着便服的一方便必须鞠躬行礼。遵守等级制，意味着要平衡多种因素，在特定的情况下，这些因素可能相互抵消，也可能被促进增强。

当然，有的人相互之间并不拘小节。比如在美国，在自己的家庭生活圈里，人们便是如此。当回到自己家中时，我们就把一切形式上的礼节都抛开了。但是日本人恰恰相反，他们正是在家中学习礼仪，并细致观察礼仪的——母亲应当在背着婴儿时，用手按下婴儿的头，教会婴儿懂礼节；幼儿在刚会走路时，就要学习尊敬父兄；妻子要给丈夫鞠躬，孩子要给父亲鞠躬，弟弟要给哥哥鞠躬，而女孩子不管年龄多大，都要向哥哥和弟弟鞠躬。鞠躬并不单单是形式上的，它意味着：受礼的一方有权干涉鞠躬一方所处理的事务，而且受礼的一方也应承担与其地位相应的责任。日本人家庭生活的核心，就是以性别、辈分和长子继承等因素为基础的等级制。

显然，日本和中国一样，所拥有的崇高的道德准则就是孝道。早在公元六七世纪时，中国人有关孝道的阐述就伴随着佛教、儒教以及世俗文化的蔓延，传到了日本。理所当然的是，为了适应日本家庭的不同结构，孝道的性质会有所改动。在中国，一个中国人会对他的大宗族尽忠尽孝，这个可能有成千上万个成员的大宗族，拥有对全体成员的裁决权，而且这些成员是表示支持的。当然，中国地大物博，各地的情况也不尽相同，但在大部分地区，住在一个村庄的人便同属一个宗族。中国只有400多个姓氏，却有4亿5000万人口。相同姓氏的人都认为彼此是同一宗族的成员。住在同一地区的人，可能同属一个宗族，并且某些背井离乡，移居城市之人，也可能与他们同宗同族。在像广东那种人口密度大的地方，宗族的所有成员会共同维持和经营他们的氏族宗祠，使其日益壮大，还会在祭祖的日子里，向同一远祖所繁衍的无数祖宗的牌位进行祭奠。每个宗族都有属于自己的财产、土地和寺院，而且还设有基金，以帮助有前途的宗族子弟完成学业，并通过这样的方式把散在各地的成员联系起来，对这些成员进行相应地了解。每十年左右，他们就要刊印一次增订的族谱，而那些被认为可以分享祖宗恩惠的子弟，其姓名会被记录其中。当世代相传的家规与政府的意见不一致时，他们也可以拒绝把本族犯人交给政府处理。在封建帝制时期，国家对这种半自治性质的大宗族只是进行名义上的管理，那些被不断替换的朝廷所派来的官员们，更是被宗族视为外人。

而日本的情况几乎完全不同，直到19世纪中叶，在日本也只有贵族和武士家族被允许使用姓氏。在中国，宗族制度的立足之本就是姓氏，宗族组织的发展是以姓氏，或相当于姓氏的事物为基础的，而族谱在某些宗族中，就是象征姓氏的事物之一。但在日本，族谱只有上层阶级才会有，而且记录方式同“美国革命女性会”（1890年在华盛顿建立，会员是参加独立战争的人的后代）一样，先记录的是现在活着的人，然后再追溯先祖，而非像中国那样，从先祖到后裔。日本是封建国家，它的人民尽忠的并非宗族组织，而是封建领主，也就是当地的主君。当地的主君不同于中国那种任期短暂的官员，两者相去甚远，因为后者始终被宗族看作外人。而在日本，一个人所属的藩，就是他的联系纽带。

在神社或圣地参拜远祖或氏族神，是使民族制度化的另一种方法。那些没有姓氏和族谱的日本“庶民”也能参与其中，但祭祀远祖的仪式在日本却是没有的。在“庶民”参与祭祀的神社里，人们聚集在一起，无须证明是同一祖先的后代。他们被称为是这个神社祭神的“孩子”，因为他们生长在这个祭神的封地上。这些祭拜者同世界各地的人一样，并非出自同一个祖先的亲密氏族，但因为世代定居于此，彼此间便有着亲戚般的关系。

与神社不同，日本人在家庭房间里的“佛坛”上对祖先进行祭拜，那里只会设立几位最近去世的亲人牌位。在日本所有的社会阶层中，为了怀念逝世的父亲、母亲、祖父母以及一些近亲，人们每天都在佛坛前祭拜，并献上供品，而佛坛上供奉的是跟墓碑有类似意义的牌位。即使已经无法辨认曾祖父和曾祖母墓碑上的文字，也不会再重新刻写，日本人很快就会忘掉三代以前的墓地。日本的家族联系非常淡薄，几乎与法国差不多。

因此，日本的“孝道”仅限于直接接触的家庭内部，顶多包括父亲、祖父以及伯父、伯祖父及其后裔。在这个集体中，与自己的辈分、性别、年龄相对应的地位，是每个人都应该明确的。即使是豪门望族，其家族也会有一些独立的支系，次子以下的男孩，必须另立门户。在这个能够直接接触的集体内，“各得其所”的要求非常详尽。在长者正式隐退之前，任何人都必须严格服从于他。甚至在当今，一个已经有好几个成年儿子的父亲，只要他自己的父亲还未隐退，那么他无论做什么事，都必须先请示他的父亲，得到允许后方可去做。不管儿女年纪有多大，其婚姻还是要由父母包办。父亲作为一家之主，吃饭时首先举筷，洗澡时首先入浴，全家人都要向他恭恭敬敬地行礼，而他只需点头受礼。有一则在日本广为流传的谜语，翻译过来是：“儿子向父母提意见，为什么就像是和尚要求留头发一样？”答案是：“不管怎么想，这都是绝对办不到的。”

“各得其所”意味的不仅是辈分上的差别，还有年龄上的差别。日本人常用“非兄非弟”来表述极端混乱的秩序，就如同我们所说的“既非鱼又非鸟”一样。日本人认为长子是继承者，应该保持其长子的性格。到日本旅游过的人们也谈到，“日本人的长子从小就会学会一身责任非凡的气派”。长子拥有的权力与父亲相差无几。在过去，弟弟会越来越依赖长子。而现在，尤其是在农村和乡镇，按照传统，长子会留在家中，而次子和三子得以进入更大的圈子，接受更多的教育，获得更多的收入。尽管日本社会改变了不少，但古老的等级制仍然存在，并且还非常牢固。

甚至是在关于大东亚政策的讨论中，日本传统的兄长特权也被表现得淋漓尽致。1942 年春天，在谈到共荣圈问题时，一个陆军省的中佐发言人说：“我们要让所有占领地区的居民们知道，他们的国家和日本是兄弟，日本是他们国家的哥哥，他们国家是日本的弟弟。如果过多地体恤当地居民，他们在心理上就会形成某种滥用日本好意的倾向，从而对日本的统治造成不利影响。”换句话说，就是对弟弟有益的事，是由哥哥来决定的，并且在做这样的决定时，不能“过多地体恤”弟弟。

不管年龄大小，性别决定了日本人在等级制中的地位。日本女性的社会地位比丈夫低，因此走路时要走在丈夫的身后。她们穿上西服后，可以和丈夫并肩而行，但进门时必须站定在丈夫面前，而一旦换上和服，她们就必须退到后面。在日本的家庭中，关怀和教育费用全都是属于男孩子的，女孩们只能静静地看着这些不属于自己的东西。虽然有几所专门为年轻女性开设的高等学校，但这些学校的课程也主要是教礼仪和举止规范，根本没法与男校的智力训练相提并论。在一所女校中，校长对部分上流家庭出身的女学生说：“应该学一点欧洲语言，这样，你们才可以把丈夫用过的书擦拭干净，然后在放回书架时，插入正确的位置。”

尽管如此，与其他亚洲大部分国家的女性相比，日本女性还是很自由的，但这种现象并不单单是因为日本被西化了。日本女性从未像中国上层女性那样缠过足，她们可以不用藏在深闺，可以在大街上随意行走，可以自由地进出店堂。在日本，掌管全家采购和金钱大权的是妻子。经济紧张时，她需要挑选一些东西送进当铺换取钱财。使唤佣人的也是妻子。另外，她们对儿子的婚姻也有很大的发言权。她们一手掌管着家事，在当了婆婆以后更甚，就好像前半生从未当过媳妇，对婆婆和丈夫唯命是从一样。

在日本，权力会受到辈分和性别的很大影响。而行使这一特权的人，我们不妨认为是受托者，而不说成是独断专制者。全体家庭成员，包括活着的、已逝的以及即将出生的，父亲或兄长都要对他们负责，并且要做出重大的决定，确保其实行。但是，父亲或兄长的权力并非无条件的。他们的行动担负着全家的荣誉。他们必须让儿子和弟兄们牢牢记住家族的遗产，并要求他们保护好，包括精神遗产和物质遗产在内的全部家产。即使是一个农民，也会祈求祖先保佑他的这种高尚责任。他们阶级地位越高，家族责任越重大，并且，家族利益永远高于个人利益。

当遇到重大事件时，不管家族门第如何，家长都要在家族会议上进行讨论。例如，当有家族成员要订婚时，家长们就会召开一个有关订婚的会议，其他家族成员，包括远亲们都有可能会赶来参加。在做决定的过程中，不会因为某个人的性别或辈分而忽视其意见。妻子或弟弟提出的意见，也可能成为影响这件事的决定性因素。如果户主无视他人的意见，一意孤行，他自己也将陷入困境。当然，被决定命运的人，可能很难接受家族会议上做出的决定。但是，长辈们在过去从来都是服从决定的，所以他们此刻也不会有丝毫退让，并要求晚辈予以服从，就像当年他们自己一样。这种强制性要求的背后存在的约束力，同普鲁士人在法律和生活习惯上给予父亲的专权不同，其强制性并不会因为无法律撑腰而稍弱，只是效果不同罢了。在家庭生活中，日本人并不会学习怎样去尊重专权，更不会屈服。虽然那种强制性的要求看起来很苛刻，但长辈们在会议上所提出的共同的家族意志，是以家庭全体成员都很关心的名义，即某种最高价值，来要求被决定之人服从的——这是一种共同忠诚的名义。

每个日本人对等级制的学习和习惯培养都是从家庭中开始的，然后再将学到的这种习惯应用到社会各个领域中。他明白要向“各得其所”的人表示一切敬意，不管此人是否在这个领域中真正具有支配力。就算是丈夫受到妻子的支配，或哥哥受到弟弟的支配，但在正式关系上，妻子或弟弟也照样要尊重他。特权之间的界限不可侵犯，它不会因背后的人为操纵而受到破坏，也不会为了适应实际支配关系而改变其外沿关系。一些不拘于正式身份而手握实权的人，有时可能会因此而获得某种策略上的方便。而这样，也不太会引起他人的攻击。日本人从家庭生活的经验中懂得，在做某种决定时，如果整个家族都坚信这个决定能够维护家族荣誉，那这便是对这个决定最有力的支持。这种决定并非家族长辈随意强加的命令。日本家族的家长如同物质财产和精神财产的管理者，因为这些财产对家族中的每个人都十分重要，因此要求所有家族成员都要把个人意志依附于此。“武力威胁”是日本人所反对的方式，但并不意味着对家族要求的服从度就可以减弱，也不意味着就能降低对特定身份之人的敬意。就算极少数家族中的长辈会成为强有力的独裁者，但家族中的等级制仍能延续下去。

上述对日本人家族等级制的介绍并不详尽，但由于美国人在人际关系上有着与日本人完全不同的标准，因此要使美国人理解日本家族中那种公认的、强有力的感情纽带非常困难。我们研究的课题之一就是，存在于日本家族中的，那种异常牢固的连带性，是如何获得的。我们只有先认识了日本人如何在家庭中透彻地学习等级制的习惯，才能了解到他们将等级制运用在社会各个领域中时的要求。

日本人生活中的等级制习惯反映在阶级关系上依旧十分强烈，如同在家庭中一样。纵观日本的整个历史，其社会一直是一个等级森严的阶级社会。这样一个拥有好几个世纪等级制习惯的民族，有重要的长处，也有显而易见的短处。从日本有文字以来，等级制一直是其生活准则。早在 7 世纪，日本已经从无等级制的中国那里借鉴到生活方式，并与自身的等级制文化相融合。在 7~8 世纪时，日本使节对中国的高度文明赞叹不已，日本的天皇及其宫廷决定学习中国的高度文明习俗，以充实日本的事业。为了进行这项事业，他们用前所未有的精力去学习。日本此前一直都没有文字，直到 7 世纪，才采用了中国的表意文字，从而发展出与中国完全不同的，属于自己的语言。在那之前，日本有一种民间宗教，相信有四万个神祇镇守着山岳和村庄，并赐福给人们。这种民间宗教延续至今，经历无数变迁后，成了如今的神道。同在 7 世纪时，日本还大规模地从中国引进了佛教，并将其作为“保护国家的至善”宗教（引自奈良时代编年史中语。日文是：圣武天皇在陆奥国，黄金出，乃下诏曰：“闻佛言，护国者必胜”云云）。不管是官方还是个人，日本在此前都没有巨大的永久性建筑，于是天皇下令，建造了新的奈良城,实为仿照中国的京城。日本各地也都仿照中国建筑的样式，建造了许多壮观的佛教寺院和僧院。而日本使节从中国学到的官阶品位与律令，也被天皇下令采用。在世界历史上，除了日本民族，几乎找不到其他能够如此成功地汲取外国文明，并有计划地予以实施的民族了。

然而，中国那种无等级的社会组织是日本一开始就没有学习的。在中国，只有科举考试合格了的行政官员，才会被授予官位。但在日本，官位却是贵族和封建领主世袭的。而这些，自然也是日本等级制的一部分。日本渐渐地被分裂成了许多半独立的藩国，而这些藩国的领主们常常互相嫉妒彼此的势力，因此许多社会习俗也都被领主、家臣、侍从的特权所影响。不论日本如何学习中国文化，都始终无法接受那些足以取代等级制的生活方式，比如中国的官僚行政制度以及可以把各种身份、职业的人融合在一个庞大宗族之中的宗族制度。对于中国那种世俗皇帝的观念，日本也无法接受。在日语中，皇室中的人被称为“云上的人”，皇位继承人仅限于这个家族中的子弟。日本从未发生过中国那样的改朝换代的事情。天皇神圣不可侵犯，因为天皇本人就是神。天皇及其宫廷大臣们把中国文化引入了日本，但肯定想象不到，中国在这些方面有何种安排以及对这些安排做了何种改进。

因此，日本从中国引入的各种文化成了此后几百年，世袭领主与家臣之间争夺统治权的基石。8 世纪末，大权被日本贵族藤原氏掌握，天皇也被其赶到了幕后。之后，由于封建领主们反对藤原氏的统治，使得整个日本陷入了内战。群雄逐鹿之时，一个名叫源赖朝的人战胜了所有对手，打着“将军”的旗号统一了日本。“将军”指的是“征夷大将军”，同日本以往的惯例一样，这个称号会由源氏家族世袭，只要源赖朝的后代能够把其他封建领主控制住。天皇已经没有实权了，对源赖朝来说，天皇的作用只是对源赖朝进行象征性的赐封罢了。实权掌握在幕府手中，幕府为了维持自己的统治，而对不肯服从的各藩国施加武力。每个封建领主都有自己的武装家臣，也就是“武士”。这些武士对自己的领主言听计从，时刻准备着挑战敌对的领主，或最高统治者将军的“地位”。

16 世纪时，内乱不断，一直持续了几十年，一个名叫德川家康的伟大武将，战胜了所有对手，使德川家族在 1603 年，终于有了它的第一任将军。之后，德川家族世袭了将军职位，直到 1868 年，天皇与将军的“双重统治”被废除，此间长达 260 年。也就是说，德川政权于近代之初才退出历史舞台。从许多方面来看，德川时代都是日本历史上最值得关注的时期之一。在日本，德川政权维持了一种武装和平，直到其落幕，一直都有效地实施着为德川家族政治目的服务的中央集权制。

曾有一个非常棘手的难题摆在德川家康面前，他最终也未能找出一个简单的解决的办法。一些强藩的藩主在惨败归顺前，一直都是反对他的，这些藩主被称为“外样”，也就是旁系大名。他允许这些藩主对自己的领地和家臣继续享有控制权。在日本的封建时期，这些藩主也确实在自己的领地上继续享有着最高度的自治权。但是，德川家臣的荣誉他们却无法享有，也不被允许在幕府中担任任何重要职务。重要职务全都给了“谱代”，也就是嫡系大名，即内战中拥护德川的人。德川家康为了突破困局，实行了这一策略，以防止藩主积蓄力量以及防患任何可能威胁到将军统治的联合。德川家族不仅没有废除封建体制，而且还对这一体制进行了强化，其目的是为了维持日本的和平以及德川家族的统治。

日本的封建社会被划分为了几个复杂阶层，以世袭的方式来固定每个人的身份。德川家族强化了这种制度，并详细地规定了，处在各个阶层的人们的日常行为。每一户人家的门口，都必须张贴出说明其阶层地位和世袭身份的标志。每个人的衣食住行，都必须遵守其阶层地位和世袭身份所对应的规定。日本有四个世袭等级，按照顺序分别是士、农、工、商，地位处于皇室和宫廷贵族之下，而最底层的是贱民。贱民中有一个群体被称为“秽多”，指的是从事各种污秽职业的人，比如清道夫、死囚掩埋者、剥取及鞣制死兽皮毛之人，等等。这个群体在贱民中人数最多，也最为人所知，是日本的“不可接触者”，说得更确切些，他们在日本根本没被当作人——从他们居住的部落通过的道路不会被计入里程，就像这片土地和它的居民根本就不存在一样。“秽民”的生活极其贫困，虽然可以从事被批准的职业，但他们依然会被排斥在正式的社会组织之外。

在日本，商人的地位仅在贱民之上。对此，美国人会感到十分震惊，但这确实是存在于此种封建社会中的现实。在封建社会的统治者看来，商人阶层会破坏封建社会的制度，因为一旦商业受到尊敬而变得繁荣起来，封建制度就会慢慢衰败直到灭亡。17 世纪时，德川家族为了从根本上铲除商人的根基，颁布了世界上任何国家都未曾实施过的，极其严格的锁国令。日本的商人曾在中国和朝鲜的整个沿海地区，进行过海外贸易，可见商人阶层的发展是必然的。但是为了阻止商人阶层的发展，德川家族规定，建造或驾驶的船只，只要超过了一定尺寸，其建造者或驾驶者便会被处以极刑。即便是被允许建造或驾驶的船只，也不能航行到大陆，更不能运输商品。甚至，商人们在国内进行交易，也受到了严格的限制，各藩的边界都设立了关卡，严格禁止商品进出。另外，有一些律法也对商人低下的社会地位做出了规定，如《奢侈取缔令》中就规定了商人能打何种雨伞和能做何种穿着打扮，还限制了其在婚丧时的费用。在某一区域内，只要有武士居住，商人就不能居住。律法还对特权阶级——武士阶级用刀凌辱商人的行为表示了默许。德川家族想要永远把商人置于卑贱地位，然而日本当时是靠着货币经济运转的，德川家族这么做，在货币经济中迟早是要失败的，但显然他们并不这么认为。

德川幕府分别巩固了武士阶级和农民阶层，正好是维持封建社会安定的两个阶级。伟大的名将丰臣秀吉在德川家康平定天下之前，就已经用著名的“缴刀令”分离了这两个阶级。他把农民的武器全部收缴了，并规定只有武士才能佩刀。武士不能再兼有农民、工匠或商人的身份。一个武士的身份再低，法律也不允许他从事生产，他不得不成为了寄生阶级中的一员。武士每年的俸禄是从农民的赋税中抽取的年贡米。这些征收来的谷米被大名按照份额分发给每个武士家臣，于是武士不用考虑生活的来源，完全成了寄生虫。在日本历史的早期，各藩国之间的战争结成了封建大名与其武士间的牢固纽带。在和平的德川时代，这种纽带的性质变了，变成了经济性的。与欧洲中世纪的骑士不同，日本的武士既没有钱，也没有领地和农奴，是靠着俸禄生活的。在德川初年，德川家族就规定了，武士俸禄的多少由其身份的高低决定。然而，武士所得的俸禄并不多。根据日本学者估计，整个武士阶级的平均俸禄只能维持最起码的生活，与农民所得的粮食差不多。如果一个武士家族中有好几个继承人，这点俸禄被共享，那就远远不够用了。因此，武士限制了自己的家族规模，因为对他们来说，威望取决于财富和外表，是最令人难堪的，所以，他们把“俭朴乃最高的美德”

当作信条。

武士和农、工、商之间存在着一条不可逾越的鸿沟。农、工、商三个阶层被称为“庶民”，而武士则属于上层阶级，他们的佩刀不仅可以用来装饰，而且还是特权和阶级的标志。在德川时代之前，他们可以对庶民动刀就已成为传统。之后，德川家康也规定：“如果庶民对武士和上级无礼，允许武士立刻将其斩杀”（《家康遗训百条》内云：“士乃四民之长，农工商辈对士不得无礼。无礼，即心中无士也。对心中无士者，士不妨击之。”又，宽保三年《御定书百条》中亦规定：虽对步卒无礼，不得已而杀之，经审按后属实者亦无妨）。德川家康的规定建立在严格的等级制度上，他从未考虑过在武士阶级与庶民阶级之间建立相互依存的关系。庶民阶级和武士阶级都归大名统治，并可以与大名直接联系。这两个阶级之间的距离是无法逾越的，各自拥有对应的法令、规则、统治和义务。但有时候，迫于形势，两个阶级之间会架起桥梁。

在德川时代，武士日益成为藩主财产的管理者以及摆弄各种风雅艺术的专家，而不仅仅是舞刀弄剑之人，对于古典的能乐、茶道等，他们已经十分精通。他们处理着所有的文书，连藩主的谋略也由他们来实施。就像商人置严格的等级规定于脑后而逐渐发展起来，只为了追求舒适高雅的生活方式一样，武士本时刻准备着拔刀应战，无奈两百多年的和平岁月实在漫长，个人拔刀的机会屈指可数，因此也就把精力放在发展各种风雅艺术上了。至于农民,虽然法律上没有明确规定武士不能欺辱他们,也没有对强加的沉重年贡进行限制，但某些保障还是有的。农民对农田的所有权得到了保护，而且在日本，有土地便有威望。在德川家族统治时期，土地禁止永久转让。与欧洲的封建主义不同，这条法律并非是保障封建领主的，而是保障了每个农民的利益。农民十分珍视自己拥有的这种永久权利，不辞辛苦地耕作，至今，他们的后裔也是如此。在日本，农民就是养活整个上层寄生阶级的阿特拉斯（希腊神话中被宙斯降罪，用双肩支撑苍天的泰坦神)。

这个寄生阶级大约有200万人，将军的幕府、大名的机构、武士的俸禄等都包含其中。他们要将一定比例的收获量上交给大名，这种税收称为实物税。同样是水稻农业国，泰国的传统赋税只有10%，而在德川时代，日本的赋税则高达40%，实际交纳的可能还更高，甚至在有些藩国中高达80%。除此之外，他们还经常强迫农民服徭役和无偿服务。同武士一样，农民也对自己的家庭规模进行了限制。在整个德川时代，全日本的人口几乎停滞发展了。对一个长期和平的亚洲国家来说，这样停滞的人口数量反映了那个时期的统治状况。不管是依靠年贡生活的武士阶级，还是生产者阶级，这个政权都对他们实行了斯巴达式的严格限制，但可依赖性也存在于每个下属与其上级之间。对自己的责任、特权和地位，每个人都心知肚明。如果责任、特权和地位受到了损害，即使是最贫困的人，也会提出抗议。

即使是处于极度贫困中的农民阶层，也对封建领主和幕府当局进行过反抗。在德川家族统治的两个半世纪中，农民揭竿起义不下1000次。农民起义并非由于“四公六民”的传统重赋，而是针对累增的赋税。他们成群结队地涌向藩主，因为他们已经忍无可忍了。农民们将写好请求“匡正苛政”的请愿书呈交给藩主内臣，如果内臣扣压了请愿书，或者藩主对请愿书置之不理，他们便会派代表去江户，把状子呈递给幕府的将军。甚至在一些著名的起义中，农民为了保证请愿书不被扣压，而在江户城内的大道上拦截幕府高官的乘舆，直接把请愿书呈递给他们。虽然用这样的方式呈递请愿书风险极大，但幕府当局收到状子后，则会立即进行审查，其判决对农民来说多半是有利的。

然而，幕府对农民的请愿所做出的判决，无法满足日本对法律和秩序的要求。国家尊重农民是可取的，因为农民的请愿可能是正当的。但是，农民起义的领袖则严重违反了等级制的法令。尽管判决对农民有利，但仍不能忽视农民起义领袖已经违背了基本法律中“必须忠诚”这一事实。因此，不管起义领袖的目的何等正当，都会被判处死刑。这种无法逃脱的命运，农民们心知肚明，被判处死刑的人是他们的英雄。人们聚集在刑场，看着起义领袖被投入油锅、被砍头或被钉上木架，农民们也绝不会暴动，因为这是法令，是秩序。事后，他们可以建祠堂，把起义领袖奉为殉难烈士。但对于判决，他们必须接受，因为他们认为这是赖以生存的等级制法令的核心。

为使每一个阶级都依靠封建领主，德川幕府的历代将军对各藩的等级结构都进行了巩固。每个藩国的大名都处于等级制的最高地位，都可以对其属下行使特权。在行政上，将军最主要的任务就是对大名进行控制。为防止各藩国大名之间结盟，或实行侵犯计划。对此，将军采取了一切手段。他在各藩国的边界设立哨所关卡，对来往的行人进行检查，严禁“出女入炮”，即禁止大名私运女性出境，或偷运武器入境。为了杜绝任何政治联盟带来的危险，大名之间不能联姻，除非得到将军的许可。各藩国之间的商贸交易也受到限制，甚至不能在彼此之间架桥。另外，为了解各地大名的财政收入情况，将军还派出了许多密探，一旦某个大名的钱财装满了金库，将军就会要求他出资实施土木建筑工程，从而使他的财富数量降下来。在各种规定中，最有名的就是，大名每年都必须在京都（即江户城）住上半年，当他们返回自己的领地时，他们的妻子必须留在京都，作为将军手中的人质。幕府为了保护自己的权势，并加强自己在等级制中的统治地位，真的是费尽心机。

当然，将军是奉天皇的命令执掌政权的，因而并非等级制这个拱桥中的拱心石。天皇和他的宫廷世袭贵族没有实权，被迫隐居在京都。天皇的财政收入甚至连最小的大名都不如，宫廷的一切仪式也都由幕府严格规定。即使这样，有权有势的德川将军也丝毫没有打算废除这种天皇和实际统治者并列的双重统治。在日本，双重统治算不得什么新奇事。自 12 世纪以来，将军就以毫无实权的天皇的名义统治着这个国家。有一段时期，职权分化极为严重，经常出现权力的委托和再委托。天皇空有虚名，却还是把实权交给了一位世袭的首领，而世袭首领获得的权力，又是由他的世袭政治顾问来行使的。德川幕府崩溃的那一年，将军与天皇依然共存，这是培里将军怎么也没想到的。1858 年，第一任美国驻日大使哈里斯和日本谈判第一个通商条约，他不得不靠自己去找到天皇。

事实上，日本人认为天皇是神圣的首领，对于政治，可以参与，也可以不参与。在一些太平洋岛屿上，天皇可能自己行使权力；而在另一些岛屿上，天皇则把权力托付给别人。但他始终是神圣的。在新西兰的各个部落中，他们的首领也是神圣不可侵犯的，因而他不会亲自取食，必须由专人奉食，甚至连奉食的汤匙都不能碰到他那神圣的牙齿。他外出时必须由人抬送，因为凡是他神圣的双脚碰过的土地都会变成圣地，而归属于神圣首领。最为神圣的是他的头部，任何人都不得触摸。在一些太平洋的岛屿上，如萨摩亚岛、汤加岛，神圣首领完全不过世俗的生活，而把一切政务交付给世俗的首领。18 世纪末，詹姆斯·威尔逊到过东太平洋汤加岛，他说那里的政府“和日本最为相似，那里的神圣首领是军事将领的某种政治犯”。汤加岛的神圣首领掌管着宗教仪式，但从不参与政务。当果园中采下第一颗果实时，他要主持仪式，此后人们才被允许吃这些果实。神圣首领去世时，要用“天堂空虚了”这类词句发布讣告，然后再举行庄严的仪式，最后葬入事先准备的巨大王墓。

日本人给天皇下的定义是，在等级制中占有一个“恰当的地位”，即使他不参与政治，即使他是“军事将领的某种政治犯”。日本人认为，天皇是否积极参与世俗事务，并非是用来衡量其身份的标尺。征夷大将军统治的年代长达几个世纪，但日本人始终把天皇和他在京都的宫廷视为珍宝。西方人认为，这样的天皇是多余的。但日本人则不同，因为他们已经习惯处处都有严格的等级制了。

上到天皇，下至贱民，日本封建时期严格的等级制给近代日本留下了深刻的痕迹。七十五年前，日本从法律上宣告了封建制度的结束，不过封建制度已是根深蒂固的民族习惯，是不会从那一代人的生命中消失的。在下一章中我们会谈及，虽然日本从根本上改变了自身目标，但近代日本的政治家们为了尽量保存这一制度，仍在谨慎地计划着。与其他独立民族相比，日本人更容易被这种等级严格的封建社会所制约，在这样的社会里，社会地位被规定好，行为细节也规范严密。两百多年来，维持法令和秩序的是铁腕政策，因此，这种繁杂的等级制在日本人看来，更像是一种稳定的安全制度。他们信赖着这样的社会，因为他们停留在已知的领域内，并履行着已知的义务。如果有人侵犯了臣民的权利，只要能够证明，像农民受到剥削会请愿一样，他们也可以提出诉讼。虽然这样做会有人牺牲，但大家却是认可的。在历代德川幕府中，甚至有开明的将军设置了“诉愿箱”，任何一个臣民都可以把抗议书投进箱子中，而且只有将军本人才有打开这个箱子的钥匙。在日本，针对当下行为规范中不被允许的侵犯性行为，一定有真正可以纠正该行为的保证措施。日本人认为，只要遵守了这种规范，他们就一定是安全的。一个人的勇气和完美，并非表现在反抗和改变规范上，而是要与规范保持一致。在他们眼中，这是一个可以信赖的社会，因为它可知。这个社会的规则极为详细，并不像摩西十诫中的道德原则那样抽象，它规定：这种场合应该怎么做，那种场合又该怎么做；武士应该怎么做，平民又该怎么做；兄长应该怎么做，弟弟又该怎么做，等等。

与其他那些生活在铁腕等级制统治下的民族不同，在这种制度中，日本并没有变成温顺的民族。因为在等级制中，日本的各个阶层都受到了一定程度的保障，甚至连贱民的特种职业也得到了保障，他们的自治团体也被当局认可。每个阶层都受到了很大限制，但又不失秩序与安全。

日本的等级限制还具有某种灵活性，这是其他国家所不及的。为了不破坏公认的常规，日本的习惯中还有一些调节制度的手段。因此，一个人想要改变自己的等级地位，可以通过好几种方式来实现。在货币经济下，高利贷主和商人必定会富裕起来，而这时，富人就会为了跻身于上层阶级而使用各种传统的方法。通过典押和地租，他们变成了“地主”。虽然农民的土地是不允许永久转让的，但是，日本的地租却非常高，而把农民留在土地上继续耕作，又对地主非常有利，因此高利贷主们就会收取住在某块土地上的人的地租。这种土地“所有”权对高利贷主和地主们而言，既有利又有势。当他们的子女与武士阶级通婚后，他们自己也就跻身上层阶级了。过继和收养，则是另一种改变等级地位的传统方法，可以通过这个方法来“购买”武士身份。商人在德川家族的严格限制下还是富起来了，因此，他们想尽办法把自己的儿子过继给武士当养子。因为日本人大多是招女婿，很少收养子，因此一般过继的方法就是入赘。入赘的女婿称“婿养子”，是可以成为岳父继承人的，但他付出的代价会很大。他将转入妻子家的户籍中，还要跟着妻子姓，并和岳母生活在一起。穷困的武士家庭与商人结为亲家，从此，富有的商人后代便成了武士阶级。当然，等级制并没有被破坏，只不过通过一定的手段，富人拥有了上层阶级的身份。

通过几种公认的手段，日本人可以在不同的阶层之间通婚，因为等级制并没有把婚姻限制在同一等级之内。因此，下层武士逐渐被富商渗入。这种情况，加大了欧洲国家与日本之间的差距。中产阶级逐渐发展所带来的压力，致使欧洲各国的封建制度土崩瓦解，中产阶级继而成为现代工业时代的统治阶级。但在日本，却没有产生这样强大的中产阶级。商人和高利贷主们通过“购买”身份的方法，跻身上层阶级。于是，商人和下层武士结成了联盟。令人惊讶的是，日本竟然在欧洲与日本的封建制度都在苟延残喘时，容许有比欧洲更大的阶级流动性存在，然而，任何阶级斗争在日本的贵族和中产阶级之间几乎是不存在的。

我们很容易理解，日本这两个阶级的共同目标定是对双方都有利的，在欧洲也可能有类似的例子，但阶级的固定性在欧洲却非常顽强。例如，在法国，由于阶级的冲突而导致贵族财产被剥夺。但在日本，阶级之间却彼此接近，推翻腐败幕府的，就是由商人阶层和下层武士组成的联盟。因为允许阶级流动手段的存在，日本直至近代仍然保留着贵族制度。

日本人很信赖他们那一套繁复的行为规范，这不无道理。这种规范允许对非法侵犯进行抗议，遵循者可以为了自身利益而对其进行调节；这种规范还要求相互履行义务，保证遵循者的安全。在德川幕府于 19 世纪后半叶崩溃时，这些规范仍然没有被日本的任何集团所废除。日本没有发生过像“法国大革命”和“二月革命”那样的改革。然而，形势已经无法挽回了。商人和高利贷主成了从平民到幕府将军的每个阶级的债主，日本社会已经无法维持人数众多的非生产阶级和巨额的财政支出了。有些大名已经无法支付其武士的俸禄，整个封建制度都在被人嘲弄着。为了避免消亡，他们企图增加农民的年贡，但农民已经非常贫困，幕府也濒临破产，难以维持现状。1853 年，培里司令官率舰队到达日本，此时的日本，国内危机已处于顶峰。他强行进入日本，在 1858 年与日本签订了《日美通商条约》，当时的日本已无力抵抗了。

在当时的日本，响彻一时的口号是“一新”，也就是“重建往日辉煌”以及“王政复古”。这和革命是对立的，更谈不上进步。“接夷”与“尊王”被联系在一起，这两个口号广为流传。回到“闭关锁国”的黄金时代，是日本国民都支持的政治纲领。只有极少数领导人意识到，这条路根本行不通，他们为之努力奋斗，但最终却被暗杀。几乎没有任何想象能够表明，日本这个不喜欢革命的国家会一反常态地顺应西方模式，更令人无法预料的是，此后五十年，它竟然能与西方国家角逐。日本达到了一个目标，发挥了自己固有的，与西方国家完全不同的长处，而这个目标却是高层人士和一般舆论都没有提出过的。就算19世纪60年代的西方人能够通过水晶球看到日本的未来，他们也绝对不会相信。因为当时毫无征兆能够预示二十年后会有一阵风暴横扫日本列岛。但是这看似不可能的事情终究还是发生了。落后的并受等级制约束的日本走上了一条崭新的道路，并一直坚持走了下去。

第四章 明治维新

“尊王攘夷”，也就是“王政复古，驱逐夷狄”的战斗口号，宣告了近代日本的到来。这个口号的目的是使日本恢复到天皇和将军“双重统治”以前的10世纪黄金时代，以避免日本受到外国侮辱。最为反动的是京都的天皇朝廷。支持天皇的人认为，天皇派的胜利就是要恢复日本的传统生活方式，要剥夺“改革派”在国内外事务上的发言权，要把外国人驱逐出去，并让外国人感到屈辱。倒幕派的先锋由强大的外样大名组成，他们企图通过“王政复古”取代德川家族以统治日本，事实上，只不过是当权者换了一下而已。农民们不想“改革”，只希望多保留一些自己收获的粮食。武士们则希望保持俸禄，并能走上战场建立功勋。而商人们则希望推行重商主义，因此他们在财政上支持“王政复古派”的军队，但从未指责过封建制度。

最终，倒幕派于1868年取得胜利，并宣告“王政复古”，这标志着“双重统治”的结束。当时的西方认为，胜利者所推行的政策是极为保守的孤立主义，但日本新政府一开始采取的就是相反的方针。这个新政府成立后还没满一年，就取消了大名在各藩的征税权，收回了“版籍”，并收归了“四公六民”分成中，分给大名的“四成”。但这种剥夺还是有偿的，政府发给每个大名的俸禄大概有原来收入的一半左右，而且还免去了他们用在抚养武士及公共建设上的费用。武士同大名一样，俸禄也由政府发放。在之后的五年里，法律上又废除了等级间的不平等标志，如标志等级、地位的服饰等，甚至下令“散发”（指的是“散发脱刀令”，于 1871 年公布。它允许自由地剪头发，废除佩刀，破除旧习，提倡“文明开化”）。除此之外，他们还解放了贱民，废除了禁止土地转让的法令，撤销了各藩之间的关卡，佛教所处的国教地位也被取消。到了 1876 年，大名和武士的俸禄又被折算为偿还期为五到十四年的秩禄公债（自第六年起，每年抽签还本付息，三十年内付清），并一次性发给了他们，其数额多少由每个人在德川时代领取的俸禄数额决定。这笔钱可以支撑他们用来创办新式的非封建性企业。“早在德川时代，就已经确立了商业金融巨鳄和封建土地贵族的特殊结合。”

比起这些重大改革，一般人普遍对 1871 年至 1873 年的侵略朝鲜更抱有热诚。明治政府显然不得人心，它不仅没有推行其彻底改革的方针，还否决了侵略朝鲜的计划。政府的施政方针与那些为建立明治政府而奋斗的人们的愿望南辕北辙，以致在 1877 年，发生了一场大规模的反政府叛乱，而这次叛乱的组织者就是反抗明治政府的领导人西乡隆盛。实现“王政复古”

后的第一年，明治政府就背叛了尊王派维持封建制度的全部企望，而西乡隆盛领导的军队则代表了这种企望。政府招募的义勇军击败了西乡隆盛的军队，而这支义勇军队是由一般平民组成的。不过，这次叛乱证明了，当时的政府引起了国内强烈的不满。

同样，农民也表达了强烈的不满。明治统治之初的十年里，也就是 1868 年到 1878 年间，爆发的农民起义就不下 190 次。直到 1877 年，明治政府才开始减轻农民赋税，所以，此前农民们深感被新政府忽视，也是可以理解的。农民们还反对许多改变他们生活方式的措施，如建立学校、征兵制、丈量土地、散发令、平等对待贱民、官方对佛教的极端限制、改用阳历，等等。

那么，新政府这些不得人心的改革背后，究竟是谁在操控呢？答案是封建时期就已存在的下层武士和商人缔结的“特殊联盟”。这些武士在其大名手下做事时就磨炼出了政治手腕，他们在各自的藩国中经营和管理着垄断企业，如矿山、纺织、造纸等。而购买了武士身份的商人们，在武士阶层中普及了有关生产技术方面的知识。然后，那些充满信心的人才们，被特殊联盟迅速地推给了明治政府，为明治政府出谋划策，并对这些计划与政策进行组织实施。问题的关键并非这些人才出身何种阶层，而是他们竟然如此精明能干并敢于实践。19 世纪后半叶，日本刚刚脱离中世纪，国力衰弱得就像如今的泰国，但却拥有一批善于洞察形势的领导人，通过政治手段成功地完成了一项大事业，这是其他任何民族都未曾尝试过的。这些领导人从日本人传统的民族特性中，找到了自己的长处和短处，而这种民族特性在过去和现在分别是怎样的，正是本书的讨论主题。不过，我们需要先了解明治政治家是如何完成这一事业的。

他们把自己的任务视为一项事业，而不是意识形态上的革命。他们的目标是，让日本成为在世界格局中地位至关重要的强国。封建阶级没有被他们骂得一无是处，也没有被剥夺财产，而是被他们用厚禄诱惑着。他们由此使得封建阶级永远地支持政府，也因此改善了农民的待遇。之所以晚了十年才这么做，我们不妨认为是因为明治初期国库匮乏，而不能说他们从阶级立场上拒绝了农民对政府的要求。

不过，那些执掌明治政权的政治家，拒绝废除等级制。“王政复古”只不过废除了将军的地位，但天皇依然位居顶峰，等级制只是被简化了而已。王政复古后，又有政治家废除了藩，结束了“忠于藩主”还是“忠于国家”的矛盾。但这些变化并没有从根本上改变等级制的习惯，只不过是为其赋予了一个新的概念。那些新的领导人被称为“阁下”，为了向日本国民推行他们的政治纲领，而加强了中央集权统治。他们对国民使用恩威并施的方法，施加压力和给予恩惠相交替，只不过是为了达到统治的目的。不过，即使公共舆论如此反对改用太阳历、设立公共学校和平等对待贱民等措施，他们也从未想过要去迎合国民。

1889年，天皇赐给人民《大日本帝国宪法》，这便是上述说到的恩惠之一。“阁下”们对西方各国的宪法进行了研究批判，然后精心拟定了这部《大日本帝国宪法》。宪法起草者“为防止人民的干涉和舆论的阻挠，而采取了一切预防措施”（金子坚太郎子爵语），负责起草宪法的机构是神圣不可冒犯的，因为它隶属于官内省的一个局，被称为制度取调局。

明治政治家们十分清楚自己的目的。1880年，起草宪法的伊藤博文公爵派遣金子坚太郎子爵去到英国，听取斯宾塞有关日本当时所面临问题的意见。漫长的交谈过后，斯宾塞写下了自己的意见，并寄给伊藤博文。关于等级制，斯宾塞认为，应当加以维护和培育，因为它是日本传统习俗中一个无可取代的、国民福利的基础。他说，日本的一大优点便是对长辈履行的传统义务，特别是对天皇履行的传统义务。在“长辈”的领导下，日本将稳步前进，并能克服个人主义国家中会遇到的种种困难。明治政治家们对这些意见非常满意，因为他们的信念在这些意见中得到了验证。他们不想破坏等级制的习惯，因此，在现代社会中，日本“各得其所”的优点依然被保留。

对于国家和人民之间“各得其所”的义务，明治政治家们在政治、经济、宗教等社会各个领域中都做出了明确规定。与美国和英国截然不同，日本的这些安排会使我们时常忽视掉其最基本的要点。当然，由于上层有强有力的统治，因而对公共舆论的导向不用服从。掌控政府的人是等级制中的上层人物，而非选举产生。在1940年，组成政府最高层的是天皇的重臣、天皇身边的顾问和天皇任命的官员，他们可以随时拜见天皇，而通过选举产生的则是阁僚、府县知事、法官、各局长官等其他高官，他们对等级制中的高层地位无法企及。而对于遴选、任命内阁成员及大藏省或运输省局长等问题上，那些由选举产生的议员就更没有发言权了。普选会产生代表国民意见的众议院，虽然有权对政府高官提出质疑或批评，但对任命、决策或预算等问题却毫无发言权。法律的创议制也没有被建立起来。不经选举就产生的贵族院能制约众议院，贵族院议员中有一半是贵族，剩下的四分之一由天皇指定。贵族院对法律的批准权与众议院的功能相差无几，因而这又形成了某种等级性的控制。

虽然这样可以保证“阁下”们掌握日本政府中的所有高级职位，但这并不意味，在“各得其所”的体制下，日本没有自治。在所有的亚洲国家中，不管是在哪种政治体制下，上层权力总是会在往下伸展时，与地方自治权有所交集。民主范围能达到何种程度？它又会负什么责任？地方领导对整个地方共同体，能不能负责？公众的利益会不会因为地方势力的垄断而遭受损害？这些问题的不同处理方式导致了各个国家之间的差异。与中国一样，德川时代的日本居民中，最小的集体单位约5~10户人家，后来被称作“邻组”。“邻组”的组长有权领导组内的事情，以保证组内成员行为端正，遇见可疑行为必须上报，发现了逃犯要交给政府。这一套体系本是明治政治家们最初废除了的，但后来又恢复了。有时，政府会在市镇中积极培养“邻组”，但“邻组”在现代农村中已经起不到什么作用了，比其更重要的单位是“部落”。部落是国家权力尚未涉及的领域，所以没有被国家废除，也没有作为行政单位被编入政府体系。部落由15户左右的家庭组成，部落长每年更换，到现在，都还发挥着组织机能。部落长要“管理部落的财产；监督部落，并帮助遭受灾难的家庭；对耕作、盖房、修路等公共事务安排适当的日程；遇到火灾时要及时振铃；休息日要通过敲钟击梆的方式来通告给大家”。与其他亚洲国家不同，日本的部落长不负责对其共同体国家征收赋税，因为他们所处的地位是在民主责任范围内的，这并不矛盾。

在近代时期，市、町、村的地方行政单位被日本行政机构正式承认。公选的“长者”们会推选出一位能够代表本地区的人，与代表国家的中央政府或府县公署交涉办事。在农村，这样的人常常是一位老居民，或者是一位拥有土地的农民家族中的成员。当了村长后，他有相当大的权势，但在经济上会有所损失。村里的财政、公共卫生和学校由他与长者们共同负责管理，最重要的是，他要对财产进行登记并了解每个人的情况。国家拨下来的小学教育补助费由村公所负责管理，除此之外，村公所还要负责征集数额远大于国家补助费的教育经费，并对其开支进行监督，还要管理村里的公共财产及其租赁情况以及进行土壤改良和植树造林事务，同时，财产买卖也必须在村公所登记，显然，村公所是个非常繁忙的地方。每个居民必须及时到自己所在的村公所登记他的住址、婚姻状况、子女出生、过继和收养情况以及前科等资料。同样的材料，每个家庭自己也要保管好。不管身在任何地方，一个人的原籍村公所都可以从外地获得这种材料，并记入这个人的册籍。一个人不管是申请就业，还是接受审判，只要遇到需要证明自身身份的时候，就必须从他的原籍村公所那里取得一份本人材料的副本，然后将其交给有关部门。因此，人们绝不敢给自己，或家庭留下不好的记录。

因此，市、町、村等行政单位负有一种巨大的共同体责任。全国性政党于20世纪20年代在日本出现了，对任何国家来说，这都意味着会出现“执政党”与“在野党”的交替现象。但即使如此，也丝毫不会影响日本的地方行政机构，它仍然为“长者”们所领导，并为共同体服务。但是，地方行政机构依然在三个方面无法享受自治权：一切法官只能由国家任命，警官和教员只能由国家雇用。其实法院在地方行政中起不到什么作用，因为日本的民事诉讼几乎都是通过调停，或仲裁来解决的。每次有临时集会时，警官是必须到场的。这样一比较，警官反而更重要。不过，这种任务很少有，警官大部分时候都是在记录居民的身份和财产情况。为避免警官与地区产生联系，政府通过调任的方法来保持他们局外人的身份。由于国家对学校的规定非常严格，学校的教员也经常被调动。同法国一样，日本的每个学校都会在同一天使用同样的教科书，并且上着同样的课，每个学校也都会在每天早晨的同一时间，随着同样的广播伴奏做着同样的早操。总而言之，市、町、村这样的共同体，无法对学校、警察和法院行使自治权。

上述的日本政府机构与美国政府机构截然不同。在美国的政府机构中，持有最高行政权和立法权的是从大选中选出来的人，实行地方管理的则是地方的警察和法院。但是，在形式上，日本的政府机构与西欧国家差不多。例如，在荷兰，一切法律不是由国会制定的，而是由女王的内阁负责起草的，而且町长和市长也都是由女王来任免的，因此在形式上，女王的权力范围极其广泛，直通地方事务，比起1940年以前的日本是有过之而无不及。尽管地方的提名总是被女王认可的，但还是必须得由女王来任命。同荷兰一样，在日本，对君主直接负责的也是警察和法院。但是，在荷兰，国家允许任何宗派团体创办学校。而日本的学校制度则几乎全是从法国那里学来的。在荷兰，开凿运河、围海造田和地方上的开发事务等，都并非是选举所产生的官员们的任务，而是地方自治体的任务。

日本政府机构和西欧各国之间的真正差异体现在职能上，而不是形式上。在道德和礼仪方面，日本人表现出从过去经验中得来的传统的恭顺习惯。国民会尊重那些“阁下”们的特权，只要他们在其位谋其政，任其职尽其责。但他们的政策并不会因此而受到拥护，因为在日本，逾越特权界限就是犯罪。“人民的舆论”在政府的最高层中是完全没有地位的，政府只是一味地要求国民予以“支持”。当国家的权限越过自身范围，干涉到地方事务时，其裁决也会受到国民尊重。美国人认为，发挥各种内政机能的国家政府，是一种必定存在的障碍，但日本人则认为，国家政府是近乎至善至美的。

除此之外，日本政府在承认国民意志的“各得其所”的问题上也非常注意。在合法的公众舆论领域里，日本政府即使是为了维护国民自身的利益，也还是需要获得国民的同意，这并非口说无凭的。比如，同美国爱达荷州的同行们一样，在改良旧式农耕法时，负责振兴农业的官员几乎不用强行推广。政府官员在鼓励建设农民信用合作社和农民供销合作社这些由国家担保的合作社时，总是会同地方的名流反复交流，并会听从名流们的决定。总之，地方上的事必须由地方解决。分配适当的权力以及规定权力的使用范围，是日本人的生活方式。比起西方人，日本人是更尊重“上级”的，而且给“上级”的行动自由也是比较大的，但“上级”也必须严格遵守自己的本分。正如日本人的格言所说，“万物各得其所”。

在宗教领域中，明治政治家们制定了比政治制度更为奇怪的制度。当然，他们仍然遵守着那条格言。国家将一种宗教设置在管辖范畴中，奉为民族统一与优越性的特殊象征，而其他的信仰则是个人的自由。这种宗教由于受到国家的管理而被称为“国家神道”。像美国人尊敬国旗一样，国家神道作为民族象征而受到特殊尊敬。甚至，日本人认为国家神道不属于宗教。

在日本政府看来，全体国民信奉国家神道并没有违反西方的“宗教信仰自由”的原则，同美国人对国旗敬礼一样，都象征着忠诚。因为“不属于宗教”，所以即使在学校里教授神道，日本也无须担心会受到西方的责难。在学校里，国家神道成了对“万世一脉的统治者”天皇的崇拜，并书写了神祇时以来的日本历史。国家神道是受国家支持和管理的。在日本，对其他宗教的信仰，不管是佛教还是基督教，甚至是其他教派的神道和祭祀神道，都可以遵循个人意愿，这和美国几乎一样。在行政和财政上，这两种不同范畴的宗教领域也是分开的：管理国家神道的是内务省神祇局，其神官、祭招、神社等费用开支由国库承担；管理佛教、基督教以及一般祭祀神道的则是文部省宗教局，费用支出则来自教徒的自愿捐赠。

鉴于日本政府在这个问题的立场，人们可以说国家神道是一个庞大的机关，但绝不能说国家神道是一个庞大的“国教会”。国家神道的神社遍布全国各地，从只有在特别祭典时才会被司祭神官打扫的地方小神社，到祭祀天照大神的伊势大神宫，多达 11 万座。神官系统的全国性等级制是与政府系统的等级制并列存在的，从低层的神官，到各郡、市、府和县上的神官，再到被尊为“阁下”的最高层神祇官。我们不妨认为这些神官只是替民众举行仪式，而非领导民众进行祭祀。日本的国家神道与我们美国人平常到教堂做礼拜完全不同，因为它不属于宗教，所以日本的法律是禁止国家神道的神官对日本国民进行宣讲的，西方人的礼拜仪式在日本国家神道里并不存在。然而，日本会有一个取而代之的仪式。在频繁的祭祀日里，町和村会选出代表去参拜神社。代表们立在神官面前，神官会举起手中扎着麻绳和纸条的“币帛”，在他们头上来回挥动，为他们驱邪。然后，神官一边打开神龛内门，一边大声呼叫，召唤众神降临，享用供品。接下来，神官开始祈祷，参拜者们按照身份地位排好队，把小树枝恭恭敬敬地供上，这种小树枝从古到今一直都被视为神圣之物，上面还会垂下几根细长的纸条。然后，神官再次呼喊，把众神送回，最后关闭神龛内门。天皇会在国家神道的大祭祀日里，亲自为国民举行祭祀仪式，政府各部门也都会放假休息。但是这种祭祀日与地方神社的祭祀日以及佛教的祭祀日有所不同，并非群众性的祭祀节日。群众性的祭祀节日不在国家神道的范畴之内，它属于自由领域。

在自由领域中，日本人可以举行各种符合自己心意的祭祀活动。直到今天，绝大多数日本国民所选择的的宗教信仰仍是佛教。不同的宗派有不同的教义和创建者。除了国家神道，有不少其他教派也属于神道范畴，而且某些教派，在 20 世纪 30 年代日本政府推行国家主义以前，就已经成了纯国家主义的堡垒。另外一部分教派偏向精神治疗，被喻为“基督教科学”。有的人信奉儒家教义，也有专门从事神灵显圣和参拜圣山神社活动之人。平常老百姓的祭祀节日，基本上不属于国家神道范畴。在这种节日里，他们会涌至神社，漱口驱邪，拽绳、打铃、击掌，召唤神灵降临，然后恭敬地行礼，礼毕后再次拽绳、打铃、击掌，送回神灵。离开神社之前，他们会在神社院内的小摊贩处购买珍品玩物，观看相扑、拔术，还有插科打诨的神乐舞。一位曾在日本居住过的英国人是这样描述祭祀节的——每逢祭祀节日，他就会想起威廉·布雷克的诗：

如果在教堂里能有啤酒几杯
以及温暖灵魂的快乐之火
我们将终日唱和着诗歌，向上帝祈祷
我们，绝不会想着离经叛道

有极少数人会专门献身于宗教，除此之外，大多数日本人都不会觉得宗教极为严肃。日本人在休假时，也喜欢远途朝山拜庙。

国家在政治中的权能范围和国家神道在宗教中的职能范围，就这样被明治政治家们小心翼翼地划定了。他们把其他领域都交给了国民，但作为新等级制的最高层官员，他们保证会对其所认为的、与国家有直接关系的事加以控制。在创建陆海军时，他们便遇到了同样的问题。同其他领域一样，比起在民众中废除旧式等级制，他们在军队中做得更为彻底。他们甚至在军队中废除了敬语的使用，尽管现实中某些旧习还是被保留了下来。他们还规定，军队职位的晋升需凭借个人能力，而非家庭出身，这一条律令在其他领域少有实行。在日本人心中，军队的声誉非常高，说明新军队赢得了民众的支持。再者，军队中的“排”和“连”大多是由同一地区的居民编成的，在和平时期，服兵役的地方都离家不远，这不仅意味着士兵与家乡能够保持联系，而且意味着在服兵役期间，武士、农民、富商与穷人的等级关系已不存在，取而代之的是军官和士兵以及老兵和新兵的关系。在诸多方面，军队都促进着民生，是真正的人民军队。在大部分其他国家中，军队都被视为用以维持现状的巨大力量。但在日本却不同，军队非常同情农民阶层，以致曾经多次向大金融资本家及企业家进行抗议。

日本的政治家未必赞成建立这样的人民军队，他们认为在当下阶段，军队处于等级制中的最高地位并不合适。为此，他们在最高层采取了措施。宪法虽然没有将这些措施纳入，但对“军部首领对政府保持独立性”的公认惯例予以了保留。比如，与外务省和内政各省大臣不同，陆海军大臣有权直接拜见天皇，并能够以天皇的名义把他们的措施强制推行给民众，并不用通报文官内阁成员，也不用与其协商。对于不信任的内阁，他们可以拒绝委派陆海军将领入阁，以阻止其成立。如果没有高级现役军官来担任陆海军大臣，任何内阁都无法成立，因为陆海军大臣是不可能由文官或退役军官担任的。同样，如果他们对内阁的行动有任何不满，就可以召回内阁中的军官，导致内阁被迫解体。在最高决策阶层中，任何人都不得干涉军部首领的决定。宪法中还有一条:“如果政府所提的预算草案被帝国议会否决，政府就要自动执行前一年度的预算。”在内阁意见不一致以及决策还未确定时，军部首领会支持当地的司令官。比如，在外务省做出保证后，关东军还是武装占领了东三省。和在其他领域中一样，对于在军部中因等级特权所造成的一切后果，日本人甘愿接受，这是因为在特权问题上他们不赞成逾越界限，而并非因为他们同意这项政策。

在工业发展上，日本所走的道路是任何西方国家都无法比拟的。而这也是“阁下”们安排的步骤，制定的准则。他们制订出计划，然后由政府创办和出资，赞助他们认为需要发展的企业，并由政府官僚进行组织和管理。他们聘请了一些外国技术专家，并派人出国学习。当这些企业“已经组织完备，业务发达”时，政府就会面向私人公司进行出售。政府会挑选出一些金融巨鳄，然后将这些企业以“低得荒谬的价格”卖给他们。这些金融巨鳄是以三井、三菱为中心的著名财阀。日本政治家认为，工业的发展关系着日本民族的存亡，供求法则和自由企业是不可信的。这一政策与社会主义无关，那些财团才是真正的获益者。日本以最小的失败和浪费，建起了它最需要的企业。

通过这些途径，“资本主义生产阶段的出发点和正常顺序”被日本修改了。一开始，日本就兴办至关重要的重工业，而没有从生产消费品和发展轻工业起步。例如兵工厂、造船厂、炼钢厂、铁路建设等都是日本最先建立的一批产业，并飞速地达到了高技术和高效率的水准。当然，这些企业并没有被日本政府全部卖给民间财阀，政府仍然掌握着军工企业，并对这些企业给予特别的财政补助。

在政府给予优先权的一批产业中，小工商业者和非政府官僚经营者依然没有地位。能在优先领域活动的，只有那些受到国家信任，并享有一定政治特权的大财阀。同日本社会其他领域一样，产业界也有其自由领域。通过使用最少的资本以及对廉价劳动力最大限度的利用，来经营各种“剩余”产业。即使没有现代技术，这些轻工业也能生存。美国人习惯把它们称为“家庭血汗工厂”。一个小本制造商在买进原料后，会先把这些原料贷给一个家庭工厂，或者一个不超过 5 个工人的小作坊，这些工厂会对原料进行加工，然后制造商回收加工好的产品，再贷出，再回收，如此反复多次，最后，一般商人或出口商会买进最终产品。20 世纪 30 年代，在这种家庭工厂或小作坊里劳作的职工，达到了日本工业雇佣人员的 53%。而这些职工大部分都在学徒制中，受到家长式庇护的影响，如今在大城市的许多家庭中，仍然还有许多母亲是背着婴儿在干计件零活的。

如同政治宗教领域的双重性，在日本的生活方式中，工业的双重性同样意义重大。这似乎是因为，日本政治家需要建立一个与其他领域等级制相匹敌的财界贵族制，于是为他们创办战略性的企业，并挑选了一批政治上有特权的商人家族，让他们相互之间以及与其他等级之间都建立起联系，并获得“适当地位”。日本政治家们的计划中，没有一项是想削弱政府与这些被政策保护的既得利益者的联系，这些人不仅得到了利润，还得到了很好的地位。日本人传统的对金钱和利润的态度，决定了财界贵族们总是会受民众的一些攻击，因而日本政府总是尽量按照民众所公认的等级制观念，来扶持这些贵族们。然而政府的努力并非完全奏效，因为那些财阀仍旧不断地受到所谓少壮派军官团体和农村方面的攻击。事实上，日本舆论攻击的对象并非财阀，而是“成金”。所谓“成金”，我们常翻译为nouveau riche（暴发户），当然，这个词也无法准确地表达出日本人对“成金”的心态。在美国，“nouveau riche”更确切的含义其实是“新来者（newcomers）”的意思。他们之所以会被人们嘲讽，是因为他们不善交际，还没有达到人们心中认为的那种修为，只不过他们的缺点被那些励志的致富经历抵消了。他们从破木屋中走出，白手起家，靠奋斗获胜，骡前马后，摇身一变成为资产雄厚的油田巨鳄。日本的“成金”一词来自于将棋，其含义是一个步卒突然之间就变成了女王，然后如“名士”一样横冲直撞，趾高气扬，然而从等级制上来说，它其实根本无此权利。人们都认为“成金”的致富依靠的是诈骗和剥削，并对“成金”者极尽指责，这和美国人对待那些“白手起家者”的态度相去甚远。日本的等级制，赋予了财界巨鳄相应的地位，并与之结为同盟。当然，如果这些财富并非来自这一领域，那么将会遭到日本公众舆论的猛烈抨击。

总之，在构建社会秩序时，日本人经常会考虑到等级制。在家庭以及人际交往中，他们的行为总是和年龄、辈分、性别以及阶级密切相关。等级制的划分在政治、宗教、军队、产业等各个领域中都非常细致周到，不管是上层还是下层，只要逾越了各自所在阶级的特权范围，就一定会受到惩罚。只要他们能够把“各得其所”维持下去，就会充满安全感，并对生活感到满意。但是，他们在自身最高幸福受到保护的同时，常常是不“安全”的，因为他们认为的这种“安全”只基于等级制在日本的合法性。美国人生活方式的特征是，对平等与自由的信赖，日本人生活方式的特征则是，对等级制的信赖。

日本人想要把这种“安全”公式向外输出，现实情况是，他们遭到了惩罚。等级制很符合日本民众的思想，因为这种思想原本就是在等级制中孕育而生的。然而，这样的社会所塑造出的野心，也只能作用于这样的社会之中，这意味着，日本的等级制是无法输出的。在其他国家看来，日本那些夸夸其谈的主张，实在是狂妄至极，或许比狂妄还要更甚，令人愤慨。当日军看到日本殖民地的居民们根本不欢迎他们时，他们非常惊讶。日本不是已经给了他们一个地位吗？尽管很低，但好歹也还在整个等级制范畴之中啊！对于低层的人来说，等级制不也是很理想的吗？之后，日本军部拍摄了好几部关于中国如何热爱日本的战争影片，讲述因沦落风尘而痛苦绝望的中国姑娘，和日本士兵或工程师坠入了爱河，最终找到了幸福。这些确实和纳粹的征服论截然不同，但相同的是，最终都没成功。日本人认为，他们能够用自己的标准来要求别的国家，这显然是错误的。他们没有意识到，他们压根就不该指望，别的国家接受其所信赖的“各得其所”的日本道德观，因为这种道德观在其他国家是不存在的，这只是独属于日本的“特产”罢了。日本作家们没有对此多加论述，因为他们把这种伦理体系视为天经地义。于此，我们想要了解日本人，还要了解他们的伦理体系。

第五章　世界和历史的负恩者

美国人通常都会说自己是历史的继承人（heirs of the ages）。不过两次世界大战和严重的经济危机，多少减弱了我们在讲这句话时的自信，但这种变化并没有徒增我们对过去享受到的恩惠感到愧疚。东方的各个民族却相反，他们总自认是历史的负恩之人。他们那些被西方人称为崇拜祖先的行为，其中大部分其实都只是一种仪式，以此来表明，人们承认对过去的一切恩情感到巨大的亏欠。不仅针对过去，也针对当前，他们每天与别人的接触都在无形中不断地增加着所欠的恩情，乃至于他们的日常行为和思维都来自某种报恩感，并将其视为基本出发点。西方人对于社会负恩这种事情极端地轻视，尽管社会给他们提供了很好的照顾、教育和幸福生活，甚至让他们降临人世，他们也都对负恩无感。正是因为这一点，日本人总认为我们动机不纯。在日本，品德高尚的人总会觉得亏欠了社会或别人的恩情，绝对不会忽视过去曾带给他们恩情的一切人或物。

日本的“义”，就是确认自己在相互有恩的巨大网络中所处的地位，包括祖先和同时代的人。

东方和西方之间存在的巨大差异，说起来很简单，但想要真正去了解这种差异在生活中所造成的后果，却十分困难。然而对我们来说，去了解这种差异化是必须的工作，否则我们无法理解日本人在战争中那种极端的自我牺牲精神，更加无法了解他们那种我们认为毫无必要的易怒态度。日本人很好地证明了负恩使人易怒，同时也使日本人肩负巨大责任。

中文和日文中表示“义务”的词汇有很多，然而这些词汇和英语中的“义务（obligation”)”不是同义词，其包含在内的特殊意义也无法被译成英文，因为那些特殊含义所表达出来的价值观念，于我们来说是陌生的。日文中表示一个人所负的债务或恩情的词，不论大小，都被称作“恩”。而“恩”的含义，可以用一连串英文来表示，“义务（obligation)”“忠诚（loyalty)”“关切（kindness)”“爱（love)”，这些词在日本都作为原意的延伸。但倘若“恩”的含义是“爱”或“义务”，那么照这样来说，日本人也就会“受孩子的恩”，但日本并未出现过这种用法。“恩”在日本也不意味着忠诚。日文中的忠诚并非用“恩”的同义词来表示。“恩”这个词的多种用法中，有一个意思是和我们共通的，即承受的负担和债务。一个人可以接受上辈或上级所给予的恩，甚至可以从同辈那里受恩，但这些恩会使接受者产生某种不快的自卑感。日本人受某人之恩，就等于对某人负有一定的义务，且他们会把这位债主或施恩者称作“恩人”。

“记恩”，也是一种真诚相待的表现。日本的小学二年级的教科书中，有个题目叫“不忘恩情”的故事，说的就是这个意思。这个故事被记录在少年修身课教材（寻常小学校用修身课本第2册，昭和10年12月发行）中：

“曾经有一条叫哈齐的小狗，十分可爱，在出生不久后被一个陌生人领养。在陌生人家里，它受到了如同孩子般的关心和疼爱。它弱小的身体逐渐地强壮起来。每天早晨主人上班时，它会陪送到车站，傍晚又去车站迎接主人下班。

“不久，哈齐的主人去世了。然而它似乎并没有意识到这一点，仍旧每天到那个车站去寻找主人。每当有电车到站，它就注视着人群，搜寻主人的身影。岁月流逝，一年、两年、三年、十年就这么过去了，人们看到已经衰老的哈齐，照例每天在车站前寻找着它的主人。”这个简短的故事所包含的道德意义就是：忠诚就是爱的别名。一个孝顺自己母亲的儿子，我们可以说他是不忘母恩，他像哈齐对主人那样对自己的母亲心怀赤诚。“恩”不单单是指他对母亲的爱，还指他对母亲所亏欠的一切，包括婴儿时母亲对他的哺育照顾，孩提时母亲为他所做的一切牺牲和成年后母亲为他所做的事情。总而言之，母亲在世时对他所付出的一切，都包含在内。“恩”意味着对自身所负恩情的回报，因此也就包含了爱的意味，但本义其实是负债。而美国人则认为，爱是自由给予，不受义务的约束。

当“恩”用在“皇恩”这个最大的恩情上时，便是建立在无限忠诚的意义之上的。对于天皇的恩情，每个人都必须怀着无比感激的心情来恭受。日本人认为，他们在日本安居乐业，万事称心，这些都是天皇所赐的恩典。整个日本历史中，一个人一生中受到的最大恩情，就是来自生活圈内的最高上级。这个施恩者随时代的转变而改变，曾经是封建时期的家臣、各地的地头（封建时期替领主管理庄园的家臣）、封建领主以及将军，现在是天皇。事实上，最重要的并非最高上级是谁，而是几百年来，这种“不忘恩情”的理念，在日本人所有的生活习性中一直处于最高地位。近代日本竭尽手段使人们将这种恩情集中在天皇身上，因而日本人把对“皇恩”的感情加在了自己生活中一切偏爱的事物里。战争期间，那些以天皇名义发给前线部队的香烟，每一支都强调着所受的“皇恩”。出征前，士兵喝到的每一口酒也是一种“皇恩”。他们说，神风队员就是为了报答皇恩而进行自杀式的攻击。那些为守卫某些太平洋上的岛屿，而全部牺牲的部队和士兵，也被认为是在报答皇恩。

除了天皇，人们也从其他人那里受到了恩情，当然也包括父母之恩。因此，父母有权支配子女，这也就是东方著名的“孝道”。这是说，孩子对父母生来就欠有恩情，因此以后必须努力地偿还一切。因而子女必须服从父母的一切命令，但这与德国不一样，虽然德国也是一个父母有权支配子女的国家，但德国的家长是强制要求子女服从自己命令的。对于这种东方式孝道，日本人的解释非常现实主义。他们有一句谚语大意为：“养儿方知父母恩”，是形容对父母的恩情——双亲之恩是真实存在的，父母每天都会对子女照顾并为其操劳。日本人的祖先崇拜只针对父辈和那些记忆中的先辈，这就使得他们更加重视那些在自己年幼时照顾过自己的人。当然，不管哪种文化，人都会有一段时期离不开双亲的照顾，必须由父母提供衣、食、住，才能健康地长大成人，这毋庸置疑。日本人认为美国人轻视了这点。如一位作者所说：“美国人牢记父母的恩情就是对父母好，仅此而已。”没有人会让孩子背上“恩”的债，但他们对孩子的照顾，其实是对自己孩提时代受到父母恩情的一种回报方式。人们都好似父母当年照顾自己一样去照顾孩子，甚至比父母当年更用心，这些就是在对父母报答部分恩情，因此，他们对孩子履行的那些义务，也只不过是为了报答“父母之恩”。

日本人对老师、主人这类帮助自己成长的人都负有特殊之恩。他们对自己有恩，所以将来他们有困难时定会答应他们的请求，或者是在他们的亲属需要帮助时，给予特别的照顾。人们总是不遗余力地履行着这种义务，而且这种恩情会随着时间的推移逐渐增加。所受到的恩情越重，需要报答的恩也就越多。受恩，是一件大事，如同日本人常说的：“难以报恩于万一。”受恩是一种负担，日本人认为，“恩情的力量”甚至超过了受恩者个人的意愿。

上述的报恩原则之所以得以实行，靠的是日本人都能把自己看作这个社会的巨大负恩者，而自觉地去履行这些义务，且毫无怨言。在此之前，我们已了解了日本等级制的建立。那些伴随着等级制并被认真遵守的习惯，使得日本人对道德上的报恩高度重视，其程度已经到了西方人无法想象的地步。倘若仅仅把上级看成是善人，这很容易做到。日语中有一个词证明了上级确实是“爱”下属的。日语里的“爱”，与英语中的“love”是一样的。20 世纪，在翻译基督教中的“love”时，传教士认为日语中只有“爱”能表达此意。翻译圣经时，他们用这个词表达了上帝对人类的爱和人类对上帝的爱。但实际上，日文中的“爱”这个词，特指上级对下属的“爱”。西方人或许会认为这种“爱”是“庇护（Paternalism）”的意思，但在日语中，它不仅指“庇护”，更是指一种亲爱之情。在现代日本中，严格意义上来说，“爱”这个词仍然用于上级对下属之间，但可能受到基督教用语以及官方努力打破等级界限的影响，在同辈之间用这个词也是可以的。

尽管日本人受到文化的特殊性影响而易于接受报恩思想，但在日本，喜欢受恩的人并不多。日本人不喜欢亏欠他人人情，因而他们也不喜欢随便受恩。他们经常说“使人受恩”就要领情，在英语中，与之意思最相近的词句是“imposing upon another”。“imposing”在美国有强加给别人的意思，而在日本，“使人受恩”表达的是帮助别人或者是赠一些东西给别人。

但日本人最讨厌的事是突然受到不熟悉的人的恩情，因为在与近邻和旧等级关系打交道时，他们深知受“恩”所带来的麻烦。如果受到了熟人或与自己接近的同辈的恩情，他们会非常不高兴，他们不愿意并且尽量避免卷入“受恩”所带来的麻烦中。在大街上发生事故时，路过的日本人一般都会不予理睬，这并非因为他们缺乏主动性，而是因为在他们看来，除了官方警察以外，其他任何人插手都会使对方受到恩情。在明治维新之前，有一条著名的法令：“遇到争端事故时，不相关的人不得干涉。”在这种情况下，如果出手帮助的人没有明确的职务，别人就会认为这个人是想从中得到什么好处。日本人不会积极插手别人的事，反而会谨慎对待，因为他们知道帮助别人会使当事人受到恩情。日本人在卷入“恩情”时是非常小心的。如果与他们过去并无交往的人递了一支烟给他们，他们心里就会感到非常不舒服。在这种情况下，表达谢意最礼貌的话是：“真是过意不去。”有一个日本人对我解释说：“在这样的情况下，直接地说你感到非常为难，心里还会好受一点。‘能为对方做什么’是你从未想过的事，因此会认为受恩是一种耻辱。”因此，他们就会说“真是过意不去”。而这句话在英语中有时被译成“谢谢”，有时又被译成“很抱歉，很遗憾”，或是被译成“实在不好意思，您这么看得起我”。然而，这些意思表达得都不贴切。

在表达受到恩情的心情时，日语中有很多同“谢谢”差不多的说法。“谢谢（ありがとう）”的含义表达得最清楚，并被

现代都市大百货公司普遍采用，其本意是“这可太难得了”（Oh, this difficult thing)。日本人在这里常说的这句话所表达的含义是，顾客来买东西，商店就会得益，因此就是商店受到了巨大的恩情，这是一句恭维的话。这句话在接受别人礼物时，或其他的许多场合中也会用到。另外，还有几句一般用来表示感谢的话，比如“真是过意不去（気の毒)”表示的是受恩时的为难心情。有的店主经常说的话是“太不好意思了（すみません)”，这句话本意是“这怎么得了呢”，表示的是:“我受到了您的恩情，但在目前的情况下，我是无法偿还的，因此感到非常抱歉”。在英语中，这个词被译成“谢谢（Thank you)”“非常感激（I’m grateful)”或者“对不起（I’m sorry)”“非常抱歉（I apologize)”。当你走在大街上时，有一阵风把你的帽子吹走了，有人给你捡回来了，这时用这句话是最为合适的。当那人把帽子还给你时，你的心里就会感到不安:“我受到了这个陌生人的恩情，但我却无法偿还，我非常抱歉，只有道歉，才会使我心里好受一些。”“真是太不好意思了（すみません)”这句话在日本的道谢语中也许是最普通的，但这句话表示的含义是:“他使我受到了恩情，我知道接过帽子并不表示我偿还了他的恩情，但我却没有办法，因为我们不过是偶然相遇。”

在日语中，还有一个词能够更强烈地表示出受恩时的心情，就是“诚惶诚恐（たじけない)”。这个词有“受辱”和“感激”两层意思，汉字写作“辱ない”“忝ない”。日文词典中对这个

词的解释是：你会在受到恩情时感到羞愧和耻辱，因为这个恩情你不配接受，因此你用这个词来明确表示你受恩时的羞愧和耻辱。而日本人为什么会对羞愧和耻辱如此敏感，是我们下一章要讲到的。在向顾客道谢时，日本的老派店员会用“诚惶诚恐(たじけない)”来表示,而顾客买东西要求赊账时也会用到“诚惶诚恐（たじけない）”。明治以前，这个词在小说中经常出现。当领主选中了一个身份地位低下的小姑娘做妾时，这个小姑娘就要对领主说“诚惶诚恐（たじけない）”，其表达的含义是:“我非常羞愧，因为我不配接受您如此的恩情，您的仁慈使我感到受宠若惊”。同样，当有武士因为决斗却被当局赦免无罪时，武士就要说“诚惶诚恐（たじけない）”，表示“我受到您如此的恩情，我非常羞愧，我对自己的这种行为感到万分后悔，我向您表示我深深的感激”。

上述这些说法都充分地说明了“恩的力量”，这是其他任何概括或总结都比不了的。在受恩时，日本人常常有矛盾的心态。在公认的社会人际关系中，日本人总是尽力偿还自己受到的恩情。但是，受恩会让他们感到非常难受，因此他们非常讨厌受到别人的恩惠。著名的日本作家夏目漱石在他的小说《哥儿》中生动地描述了日本人的这种反感。小说的主角在东京长大，最初，在一个小镇上当老师，但很快就和同事们合不来，因为他感到大多数的同事都太平庸。只有一位年轻的老师和哥儿的关系还不错，他把这位新朋友戏称为“豪猪”。有一天，“豪猪”

花费了一钱五厘，相当于零点二美分，请他喝了一杯冰水。此后没过多久，有位老师就在哥儿面前挑拨说，“豪猪”在背地里讲他的坏话。哥儿相信了这位老师的话，马上又想到了“豪猪”请他喝冰水的恩情。

“虽然只是一杯冰水，但受到这种表里不一的人的恩情，实在是我的耻辱。虽然他只花费了一钱五厘，但不管是一钱，还是五厘，让我接受这种骗子的恩情，我死不瞑目……我默默地接受别人的恩情，是因为我尊重他，并且欣赏他的人品。本来我可以自己付那杯冰水的钱，但他却非要抢着付，因此弄得我心里难受死了。我虽然没有权势，但我却有自己独立的人格。要我心安理得地去接受别人的恩情，就像是我付了别人一百万元一样。

“豪猪为我破费了一钱五厘，而我却觉得我回敬了他一百万元。”

第二天，他把一钱五厘还给了“豪猪”。因为，要想处理“豪猪”背地里讲他坏话的事情，就必须先还清这一杯冰水的恩情。他们可能会打起来，但也必须先把这个恩情债了结了，因为这个恩情已经不属于朋友之间的恩情了。

在日本，人们对一些鸡毛蒜皮的小事都十分敏感，且易因此受到伤害，但日本人认为这是一种美德，而在美国，只有在那些染有流氓习气的青少年的犯罪记录，或精神病患者的病历中才能看见这种现象。也许在日本人看来，很少有人会出现“哥儿”的那种极端行为。那也不过是因为多数日本人马马虎虎罢了。在谈及“哥儿”时，有日本评论家曾说他“生性耿直，像水晶一样单纯，并且不惜为正义战斗到底”。实际上，作者也曾经说过，“哥儿”的原型就是自己。日本的评论家们也是这么认为的。这本小说描述了一个受到恩情的人，要想摆脱受恩所带来的麻烦，就应该认为自己的感谢具有“百万元”的价值，并且还要有所行动。他所接受的恩情是“看得起的人”给予的。“哥儿”在愤怒中，将“豪猪”对他的恩情同多年来老奶妈给予的恩情做了比较。这位老奶妈觉得“哥儿”在家里没有一个人喜欢他，因此对他非常溺爱，常常在私下里拿些糖果、彩色铅笔等小礼物给他，甚至有一次，老奶妈给了他三块钱。“她一直都非常照顾我，因此我十分内疚。”在老奶妈把三块钱给他时，他认为这是一种“耻辱”，但还是收下来了，只不过是当作借款。但是几年过去了，他还是没有还这三块钱。那他到底是为什么没有还呢？与受到“豪猪”恩情时的感受相比，他认为：“那是因为她已经成了我的一部分。”这种想法对我们了解日本人受到恩情时的反应非常有帮助。也就是说，不管是什么样的感情，只要“施恩者”实质上代表的是自己，或者是在“我的”等级制中占有一席之地，或者是“捡起风刮落的帽子”这种自己也能做到的事，或者是崇拜我的人，那受恩者就可能会心安理得地接受恩情。如果施恩者是超出这些范围的人，“恩情”就会成为一种苦痛和耻辱。对于这种“恩情”，正确的态度是，不管恩情大小，都应该感到难过。

不管什么情况，受到过重的恩情都是一种麻烦，这是所有日本人都心知肚明的。有一个很好的例子：《东京精神分析杂志》的“咨询专栏”——同美国杂志上的“失恋者信箱”差不多——收到一封来信，这封来信没有受到弗洛伊德的渲染，纯粹是日本式的。来信者是一位大龄男性，信中写道：

“我有三个儿子和一个女儿，我的老伴在十六年前就去世了，但为了儿女，我没有再婚，孩子们也认为我这样做是一种美德。而如今，孩子们也都结婚成家了。儿子于八年前结了婚，之后，我搬到了离他家有两三条街远的一幢房子里。说来有点羞愧，三年以来，我与一个被卖到酒吧里当过妓女的女人发生着关系，我非常同情她的身世，于是用钱替她赎了身，并将她带回了家，教给她礼仪，并将她安顿在家里做佣人。那女人的责任感非常强，而且相当节俭。然而，因为这件事，我的儿子、儿媳以及女儿、女婿都很看不起我，把我当作外人。当然，这是我自己犯的错，我并不会责怪他们。

“那女人的父母好像并不知道这件事，给我写了封信，信中说他们的女儿已经到了适婚的年龄，要我把女儿还给他们。为了说明情况，我同她的父母见了面。虽然她的家庭贫穷，但她的父母并不贪财图利。他们同意把女儿留在我身边，他们就当她已经死了。那女人也愿意陪在我身边一直到我死去。我们的年龄差距有点大，就像父亲和女儿一样，因此，我曾经也想过把她送回家去。然而，我的儿女们觉得她是因为我的财产才留下来的。

“我生病多年了，也许只有一两年可以活了，我该怎么办呢？希望您能指教。最后，我还要补充说明一点，那女人是为生活所迫才沦落风尘的，她品性纯洁，她的父母也不是贪财图利之人。”

负责解答这一问题的专家认为，这位老人把对子女的恩情看得太重了。他说：

“你说的这件事非常常见……

“在进入正题之前，我要先说明一下，我对你希望从我这儿得到你想要的答案，感到有些不高兴。当然，我很同情你长期的独身生活。但是，你想的却是利用这一点，使你这样的行为正当化，并想让你的儿女们对你感恩戴德，这是我不赞同的。这并非说你为人狡猾，而是说你是个意志薄弱的人。如果你不想独自生活，想要同女人一起居住，那么你最好同你的儿女们说清楚，告诉他们自己和女人一起生活的理由，而不是让儿女们因为你长期的独身生活而感到对你有所亏欠。他们会对你这种过分强调给予他们恩情的做法感到反感。人的情欲是不会消失的，你也一样。但是，人的理智应该战胜情欲。你的孩子们希望你像他们期望中的理想父亲那样生活，所以希望你能够战胜情欲。然而，你令他们失望了，虽然他们很自私，但他们的心情我能理解。你也许会想，他们结婚后在性欲上得到了满足，却不允许自己的父亲得到这种满足。但儿女们却不是这么想的，这两种想法是完全不同的。

“你只不过是一厢情愿地认为那女人和她的父母很善良。大家都知道，人的善恶由环境和条件决定。不能因为他们没有贪图你的财产，就说他们是‘善良’的。如果有父母会让女儿嫁给一个苟延残喘的老头，那这父母就真的是太愚蠢了。如果父母想要把女儿嫁出去安心过日子，那他们一定是想从中捞到好处。你看到的却不是这样，那只不过是你的幻想罢了。

“你的儿女担心那女人的父母觊觎你的财产，我认为这并不奇怪，在我看来确实是这样的。这个女人年纪轻轻，也许没有这种想法，但她的父母是肯定有的。

“你现在有两条路可以选择：

“一、做一个‘毫无私欲而无所不能的完人’，同那个女人一刀两断。你的感情可能不会允许你这么做。

“二、‘抛弃一切矫揉造作，重新做一个凡人’，这会粉碎你在儿女们心目中理想父亲的形象。

“至于财产的分配，你应尽快立一份遗嘱，以确定留给那个女人和自己儿女的份额。

“你已经变得孩子气了，这从你来信的笔迹中可以看出，但请你不要忘记，你已是耄耋之人了。你的想法并非理性，相反，你是在感情用事。你说你把女人救出苦海，其实是你想让她代替母亲。是的，婴儿没有母亲就无法生存，这么说来，我劝你最好选择第二条路吧。”

许多关于恩的道理，在这封信中被提到。一旦选择了让他人受到重恩，要想改变，就必须牺牲自己，哪怕受恩之人是自己的儿女也不例外。但是，不管他在为儿女施恩时做出了多大的牺牲，他也不应该利用这份恩情来“使自己当前的行为正当化”。孩子们对此会感到不满，这是自然的，因为他们的父亲没有将初衷贯彻到底，他们认为自己被父亲“出卖”了。父亲在孩子们需要照顾的时候牺牲了自己的一切，因此在他们长大成人后，就理应得到特殊照顾——如果做父亲的这么想，那真是很可笑。因为孩子们并不会那样想，相反，他们只会意识到所受的恩情，而“自然地反对你”。

在美国，这种事情不会这样发展。美国人认为，父亲为失去母亲的儿女牺牲太多，因此父亲在晚年时就应当受到孩子们的感恩照顾，而不会把孩子们的反对看作是“很自然的”。为了能够像日本人那样看待这件事，我们权当它是一种金钱往来，因为只有在这个方面，才有可能在美国找到类似的态度。如果孩子借了父亲的钱，并被要求到时偿还本息，那么我们就可能会对那位父亲说：“你受到孩子们的反对是很自然的。”从这个意义出发，我们很容易就能够理解，为何日本人在接受他人烟卷时，不会直接说“谢谢”，而是说“惭愧”；为何在谈及某人向他人施恩时，他们会感到讨厌；为何“哥儿”把一杯冰水之恩看得如此之重。但是，在这类事件上，我们美国人是不会用金钱作为衡量标准的，比如，冷饮店里偶然的一次请客，父亲对从小失去母亲的孩子们的长期自我牺牲以及忠犬“哈齐”对主人的忠诚，等等。我们对爱、关怀和慷慨仁慈的价值极其重视，越是无条件的，就越可贵。但在日本，这些都被附加上了必然条件，接受了这类行为就等于接受了恩情，同日本谚语中说的一样：“天赋慷慨，始敢受人之恩。”

第六章　万分之一的回报

“恩”是必须偿还的债务。日本的“报恩”与“恩”是两个全然不同的概念。在我们的伦理学中，这两个概念的词混在一起就形成了中性词，如obligation（义务、恩义）与duty（义务、任务）。日本人对此感到奇怪并无法理解，就如同我们对某些部落在进行有关金钱的交往时，并不区别“借方”与“贷方”感到非常奇怪一样。对日本人而言，“恩”是那种一旦接受了就永久存在的债务，而“报恩”是积极的、刻不容缓的，属于另一系列的概念。负恩在日本算不上美德，报恩才是。当有人为报恩而积极献身时，也就是他的美德之始。

美国人若想要理解日本人“报恩”的行为，把这种行为与金钱交易进行比较是一个有效的方式，并且还要时常观察他们如何制裁那些不报“恩”的人。他们的行为犹如我们美国在财务交往中要求双方履行合同一样，若是有人巧取豪夺，我们绝不会宽容。你身负银行债务，就必须偿还。债务人不仅要还清本金，还要支付利息。这些都与我们对爱国、爱家庭的理解不同。在我们看来，爱是一种不受约束的，自由给予的感情，是最高尚的。爱国心的存在意味着国家利益高于一切。在此基础上，除非美国有朝一日受到敌国的武装侵略，否则我们的爱国心同“人非圣贤，孰能无过”的人性观念并不相容。美国没有日本那种“人一出生就背负着债务”的基本观念。我们认为，一个人应该对贫困的双亲施以援手，不能殴打妻子，而且抚养子女是理所应当的事情。但是又不能像金钱债务那样，对这些应该做的事斤斤计较，也不能像做生意那样期望获得回报。但在日本，这些“恩”的背后有着强大的约束力，同美国的金钱债务一样，应付账单或抵押贷款时会产生利息。日本这些观念的阴影时刻笼罩在他们心头，而非等到父母病危等关键时刻才去关注。将这种观念放在美国，就等于华尔街的资本家卖空脱手后盯着行情上涨。

人的一生中不乏会出现一些偶然事件，它们可能会改变我们需要承担的义务中的某些细节，但义务从始至终都是自动附加在所有人身上的，并会自然而然地超越一切偶然现象。

接下来我要说明的是日本人的义务及其相应的义务。

一、恩：是日本人的义务，一个被动发生的义务。即一个人“受恩”是被动产生的义务。

“恩”分为很多种，其中包括：皇恩，即天皇之恩；亲恩，即父母之恩；主恩，即主人之恩；师恩，即师长之恩；以及这个人一生中与各种人接触时所接受的“恩”。

对日本人来说，所有对自己施恩的人都是自己的“恩人”.

二、“恩”的相应义务是，若受恩必“偿还”。换句话说，这些义务都是因受恩人主动偿还而产生的。

A、义务是无论如何都偿还不清的，而且义务在时间上也是无限的。

忠是一个人对天皇、法律和日本国家的义务。

孝是一个人对双亲及祖先的义务。

任务是一个人对自己工作的义务。

B、情义是一个人应当如数偿还的恩情债，时间是有限的。

（一）日本人对社会的情义包括：对主君的义务、对近亲的义务和对他人的义务。

“恩”是指人们自某人处得到金钱、好意、工作上的帮助等。对于非近亲的义务，不是指从他们身上得到什么“恩”，而是因为出自共同的祖先。

（二）日本人对自己名声的情面，等同于德语中的“名誉”。

当他们受到侮辱或遭遇失败时，有“雪除”自身污名的义务，也就是报复或者复仇的义务。但这种反击和报复不被认为是侵犯。

他们有不承认自己失败和无知的义务。

日本人还有一种义务是遵守礼节，是指遵循一切礼节、严守身份、克制自己的感情等。

上述的两种“义务”都必须无条件服从。这样一来，日本人把这些道德变成了绝对性的事物，从而与中国的义务和孝道概念产生了差异化。七世纪以来，日本就常常从中国引进“忠”和“孝”的伦理体系。但在中国，没有人会把这些道德看成是无条件的。忠、孝在中国都是有条件的，在它们之上还有更高的道德标准，即中国的“仁”，通常被译成“慈善、博爱”，其含义几乎包罗了西方一切良好的人际关系。人民可以揭竿反对不“仁”的统治者。“仁”是忠义的基础。天子之所以能享有帝位和权利，是因为他施行仁政。文武百官亦是如此。“仁”在中国的伦理学中被当作检验一切人际关系的试金石。

然而日本从来不赞同中国伦理学的这一前提。在谈及中世纪两国的差异时，日本学者朝河贯一说道:“这些观点与日本的天皇制显然是不相容的，所以，即使仅仅将其作为一种学术理论，我们也从未全部接受过。”事实上，“仁”在日本，是一种被排斥的伦理，不具有在中国伦理体系中的崇高地位。“仁”在日本被念作“jin”，在写法上还是用的中文汉字。不管一个人的身份地位是高是低，“行仁”或“行仁义”都不是这个人必须具备的道德。由于日本人将“仁”彻底地排斥在其伦理体系之外，以至于“仁”具有“法律范围以外之事”的含义。例如，为慈善事业捐款、对犯人赦免等等，但显而易见的是，在日本它们都是分外之事。

“行仁义”在日本成了地痞流氓之间通用的“道德”标准之一。德川时代，那些以杀人越货为生、佩着单刀的恶棍，就是这样

“行仁义”的。倘若一个恶棍向非同伙的恶棍请求将自己藏起来，后者会为避免前者同伙寻衅报复，而把他藏起来，这就是日本的“行仁义”。到了现代，“行仁义”的地位就更加低下了，常被用在谈论应受惩罚的一些不良行为之时。日本报界时常这样写道：“必须对那些至今都在行仁义的下等劳工严加惩罚。警察应该对这种行为严加取缔，禁止那些仁义在日本盛行。”毋庸置疑，这里所指的“仁义”就是那种盛行在地痞流氓和黑帮社会中的“强盗的荣誉”。在现代日本，有些小工头，他们如同上世纪末到本世纪初，那些美国码头上的意大利工头一样，与一些不熟练的工人拟定了一些非法的契约来承包工程，并从中获利。这些行为在日本也被称为“行仁义”。中国对于“仁”的定义，在这里已被贬得无以复加了。日本人就是这样篡改，并贬低中国道德体系中最重要的“仁”的，而且至今仍没有找到能够代替“仁”来制约“义务”的德行。因此在日本，孝道就成了必须履行的义务，其中甚至包括子女必须宽容父母的恶行或无德。只有当其与对天皇的义务冲突时，才可以不尽孝道，如若不然，不管父母是否值得被尊敬，也不管他们是否破坏了自己的幸福，为人子女者都不得不奉行孝道。

在日本的现代电影中，有这样一个故事：一位母亲经营着一家规模不小的餐馆，生活也比较富裕。她的儿子在乡村学校做教师，已经成家立业。有一年，农村发生了大灾难，一对农民父母为了挽救一家人的性命，迫不得已把自己的女儿卖到妓院，而这个女儿还在上学。这位教师为了拯救自己的学生，向全村人筹集了一笔钱，替这个学生赎身。然而，这位教师的母亲从他那里偷走了这笔钱。儿子虽然知道是母亲偷走了这笔钱，但却不得不自己承担这个后果。妻子发现了事情的真相后，写下遗书，一个人承担了丢钱的全部责任，然后抱着婴儿投河自尽了。当事件被宣扬出去后，没有人去追问母亲在这场悲剧中应负的责任。这个儿子为了日后能够坚强地经受住同样的考验，在尽了孝道之后，独自前往北海道磨炼人格。在世人眼中，这位儿子品德卓绝，是一个英雄。在美国人看来，那个偷钱的母亲应该承担这场悲剧的全部责任。然而，有位日本朋友却强烈反对这种美国式判断。他说，孝道与其他道德发生冲突是常有的事情。倘若电影中的主角聪明一点，也许就能找到一个解决办法，并且不会损害自尊心。但他如果因为此事谴责母亲，哪怕只是在心里默默地谴责，他的自尊心都会受到损害。

青年人一旦成家立业，就会背上沉重的孝道义务，不管是在小说里还是现实生活中，这样的例子都比比皆是。一般良家子弟的婚姻对象都是“父母之命，媒妁之言”。关心能否挑选到一个好媳妇的，是他的家庭，而非儿子本人。其原因不仅是因为涉及金钱，更是因为媳妇会被载入家谱，生出男孩以传宗接代。一般的惯例是，媒人会安排一次巧妙的约会，在父母的陪同下，年轻的男女主角得以见面。但他们之间并不会有任何交谈。有的父母为儿子安排的婚姻是建立在利益基础上的，女方父母得到钱财，男方就能与名门望族联姻。也有的男方父母看中的是女方的人品。善良孝顺的儿子必须要报答父母的恩情，因而不能违抗父母的命令，乃至结婚以后，报恩的义务仍在继续。倘若是长子，则要继承家业，并且要和父母一起生活。众所周知，婆婆不喜欢媳妇，总是会挑媳妇的一些毛病，即使儿子和媳妇相处得很和睦，婆婆也有权把媳妇赶回家，甚至可以要求他们解除婚姻关系。在日本的小说和自传里有很多这样的故事，它不仅描写妻子所受的苦难，也会强调深陷其中的丈夫所受的痛苦。然而丈夫必须遵守孝道，他会服从父母的决定而解除婚约。

有位现住在美国的“摩登”日本女性，在东京时，她曾收留过一个年轻孕妇。这个孕妇是被婆婆赶出来的，被迫与年轻丈夫分开。虽然她当时身患疾病，又遭到如此打击，但孕妇却并没有责怪丈夫，而是将心思逐渐放在了即将出生的婴儿身上。然而，孩子刚出生就被婆婆携着顺从的儿子带走了。婴儿自然是属于婆家的，但被婆婆带走后，婴儿却被送进了孤儿院。

上述的种种行为，都属于日本的孝道范畴内，父母的恩情都是身为子女者必须偿还的。而美国人认为，这些都是个人幸福遭到外来干涉的情况。但日本人不会把这种干涉视为“外来的”，因为“恩”对他们来说才是最重要的。日本的这些故事，就像是美国故事中描述的那些诚实的人，不管经受了怎样的苦难，欠下的债也还是要还清。日本的这些品德高尚者被世人所歌颂，说他们赢得了自尊，并证明了坚强的意志足以支撑一个人忍受各种各样的磨难。然而，这种磨难不管多么崇高，也都会留下一些怨恨。值得我们注意的是，亚洲地区那些关于“最可恨之物”的谚语，在缅甸是:“火灾、洪水、盗贼、知事和坏人”，在日本却是:“地震、打雷和头”。

和中国的孝道不同，日本的尽孝对象不包括几百年前的祖先，也不包括一脉相承的宗族。日本人的祖先崇拜只限于近祖，也就是仍留存在记忆里的祖先。日本人祖坟墓碑上的文字，每年都要重新雕刻，但如果是现存的后代对这些祖先已没有了记忆，那么墓碑自然也就无人问津了，灵位也不会被摆在家中的佛龛之上了。只有记忆中的先祖，才会是被重视的孝道对象，日本人注重的都只是“此时此地”而已。许多著作都曾论述过，抽象思辨和构想非现实形象的兴趣，是日本人所缺乏的。和中国相比，日本人的孝道正好论证了这种观点。孝道的义务仅限于现存者之间，这是他们“孝道”观点最重要的现实意义。

然而有一方面是中国和日本都存在的，即孝道代表的，不仅仅是对双亲和祖先的尊敬与服从。对子女的照顾，在西方人看来是源于母亲的本能和父亲的责任感；而在东方人看来，则是源于对祖先的孝道。日本在这一方面的理论解释得十分明晰。日本人认为将自己曾经所受到的照顾毫不保留地转移给儿女，就是报答祖先之恩。因而日语中没有任何词汇特指“父母对子女的义务”，对父母及祖父母的孝道，包含了所有的此类义务。孝道要求家长要履行抚养子女、让孩子接受教育、管理家庭财产以及保护那些需要保护的亲戚朋友等义务。日本家庭受到制度化的严格限制，而且，具有这种义务的人数也被严格限制。按照孝道的义务，儿子去世后，父母是要对儿子的遗孀和子女进行抚养的。同样，女儿的丈夫去世了，岳父母也要收养女儿及其子女。但是，孝道义务的范围不包括收养失去丈夫的外甥女和侄女。如果收养了他们，那就是在履行另一种义务了。父母对自己子女进行抚养和教育，这是孝道义务，但抚养和教育侄甥辈，一般的做法是，在法律上将他们过继为养子。如果他们不愿意过继，依然保持侄甥的身份，那么，叔伯辈的义务就不包括让他们接受教育了。

在日本的孝道中，对那些贫穷的直系亲属施与援助，并不一定非得表现出敬意和慈爱。一些年轻寡妇被收养在其他家庭中，吃的是那个家庭的冷饭剩菜，因而被称为“冷饭亲属”。在收养家庭中，谁都可以使唤她们，并替她们做出决定，而她们只能唯命是从。她们的子女和她们一样，是收养家庭的穷亲戚。在某些情况下，她们的待遇还是比较好的，但这并不代表着收养家庭的家长有“义务”善待她们。而兄弟之间也没有义务相互“友爱地”履行情义。即使兄弟之间都承认彼此关系水火不容，但只要哥哥对弟弟履行了应尽义务，那哥哥还是会得到赞扬。

最为激烈的是婆媳间的冲突。媳妇必须熟悉婆婆的喜好，必须顺从婆婆的脾气，因为她是作为外人进入这个家庭的。在大多数的情况下，婆婆会不留言面地宣称，这个媳妇配不上自己的儿子。此外，我们可以推测出，婆婆是相当嫉妒媳妇的。但是，婆媳之间依然存在着孝道，正如日本的谚语中所说的那样："可恨的媳妇照样能够生出可爱的孙子"。媳妇在表面上也总是无比温顺的。但是，这些温柔可爱的媳妇也会随着时代的变迁，变成像自己婆婆那样的苛刻、唠叨、吹毛求疵之人。她们做媳妇时还年轻，表面上总是温顺驯服，但实际上并没有成为真正温顺之人。到了晚年，她们对待自己的媳妇，就像从前婆婆对待她们一样，把积压多年的怨气都发泄到了媳妇的头上。如今，日本的姑娘们会公开地谈论，最好的丈夫就是不继承家业的男子，这样婆婆就不会与她们一起生活了。

"尽孝"，并不代表在家庭中就能得到慈爱。这种慈爱在某些文化中是家庭道德的基石，但在日本却非如此。正如一位日本作家所说的那样："日本人是非常重视家庭的，也正因为如此，家庭中的每位成员相互间的家族纽带才不怎么被他们重视。"当然，实际情况可能有所出入，但大部分的家庭是这样的。义务的担负和偿还正是关键所在，年长者的责任是重大的，其中之一就是对年轻人进行督导，必要时，年轻人还会做出一定的牺牲，不管愿不愿意，都必须服从长辈的决定，否则，就会被视为拒绝履行"义务"。

在日本的孝道中还存在着这样一个特点：家族成员之间的相互怨恨异常明显。但在对天皇尽忠的义务中，这种现象完全不存在，虽然这两种义务具有同等地位。天皇被日本的政治家们奉为神圣之所在，将天皇与人间喧嚣的现实生活完全隔绝开来。这种安排实在是妙不可言，因为只有这样，天皇才能在统一全国和为国家效力上起到作用。然而说天皇是国民之父显然是不对的，因为在家庭中，虽然父亲可以要求子女履行一切义务，但他却“可能是个不值得子女尊重的人”，而天皇则必须是远离一切世俗的圣父。对天皇尽忠是一种对幻想出来的、一尘不染的圣父的虔诚仰慕，是日本最崇高的道德。明治初期的政治家们在考察完西方各国之后写道：“西方那些国家的历史是有违日本精神的，这些历史建立在统治者与人民之间的冲突之上。”他们回到日本后，在宪法中写道，天皇是“神圣不可侵犯”的，他不必对国务大臣的任何行为负责任，因为天皇在日本不是负责任的国家元首，而是日本国民统一的最高象征。近七百年来，天皇都没有作为实际统治者来发挥作用，因此继续让天皇充当幕后主角也并非难事。而明治政治家们要做的唯一工作，就是让所有的日本人都能在精神上对天皇保持绝对忠诚，并确立这种最高道德。在封建时期，日本人的“忠”是对将军履行的义务。这一漫长的历史带给明治政治家们的警告是：在新的体制下，要实现日本精神的统一，就必须做些什么。在过去的几个世纪中，将军同时任职大元帅和最高执政官，下属虽然对他也尽忠，但用阴谋推翻其统治，并将其杀害的人也并不鲜见。对将军的忠诚与对封建君主的忠诚常常是相冲突的，但比起对将军的忠诚，对君主的忠诚更具强制性。因为对君主的忠诚是建立在直接的主从关系上的，相比之下，对将军的忠诚就显得薄弱些了。在动乱时期，武士会为了拥护自己的封建领主而逼迫将军退位。明治维新的先驱者和领导者们高呼着“忠于天皇”的口号，并向德川幕府发起了长达百年的战争，而天皇则依旧深居幕后，他的形象被人们按照己愿塑造着。明治维新是尊王派的胜利，把尽忠于将军转变为了尽忠于天皇，因此，1868 年的事件才是真正实现了“王政复古”。天皇仍继续“隐身”，赋予“阁下”们权力，不但不亲自管理政府或军队，也不亲自做出决定和政策。而执掌政务的，是那些经过挑选的顾问。在精神领域的变动才是根本性的，因为“忠”已经成为日本统一与永恒的象征，意味着每个日本人都要向最高主祭者即神圣首领报恩。

之所以能够轻松地把“忠”的对象转移到天皇身上，是因为在古老的民间传说中，皇室是天照大神的后裔。但西方人把这一传说中的神学观点看得过于重要了。实际上，有些日本知识分子完全否定了这种神学观点，当然他们并没有对“忠于天皇”产生怀疑，而那些接受天皇神裔论的日本人，也不是像西方人以为的那样去理解的。“神（カミ）”在英文中被译成“God”，这个词蕴含着“至高无上”的意义，也就是等级制的顶峰。在日本，人与神之间不存在巨大的鸿沟，每个日本人在死后都会变成神，这是与西方国家不一样的。在封建时期，“忠”的对象是毫无神格的等级制首领。能够把“忠”的对象成功地转移到“天皇”身上，有一个非常重要的因素，就是整个日本历史上，继承皇位的只有一个皇室，万世一脉。西方人肯定会说万世一脉这种说法简直是自欺欺人，但这种指责是无用的，因为日本皇位的继承规则与英国和德国都不一样。根据日本的规则，皇室是“万世不坠”的。日本没有经历过中国历史上三十六个朝代的更替。虽然日本经历了各种变迁，但它的社会组织一直运行着，其模式也一直没有改变。在明治维新以前的一百年间，反德川势力利用的并非天皇神裔论，而是“万世一脉”这个论据。他们说，既然“忠”的对象是等级制的最高者，那么就只能由天皇来承受。天皇被他们抬到了国民最高主祭者的地位，但这个地位并非必然意味着神性。总之，“万世一脉”比神裔论更为重要。

近代日本，为了使人们把“忠”的对象转向天皇，已经做出了种种努力。明治维新后的第一代天皇，因为他是一个杰出和威严的人，又因为其在位时间较长，自然而然地成了日本臣民都崇敬的国体象征。天皇几乎不在民众面前出现，屈指可数的几次露面皆是在隆重的仪式上。民众匍匐在他的面前，不声不响，所有人都不敢抬头正视他。为了保证不会有一个人能从高处俯窥天皇，凡是二楼以上的窗户都被严实地遮住。天皇和高级顾问之间的接触也同样受到等级制的束缚。日本不存在天皇召见执政官员的现象，通常情况下，都是少数拥有特权的“阁下”们“受赐拜谒天皇”。日本天皇也从不对那些有争议的政治问题发布诏书，所发的诏敕内容都是与道德和节俭有关，或者是在某项问题解决后对民心进行安抚。若是天皇即将驾崩，几乎整个日本就会变成一座大寺院，所有民众都会虔诚地为天皇祈祷。

经过近代日本政府的这些努力，就像美国人对星条旗的忠诚超越了美国一切政党政治一样，天皇成了超越日本国内一切政治纠纷的象征，并且对日本人而言，是“神圣不可侵犯”的。我们对国旗所安排的仪式，原本完全不适用于个人。而日本人却将此充分利用起来，尽显天皇作为最高象征的人的价值。人民敬爱天皇，天皇也会对此做出反应。当听说天皇在“关心国民”时，日本老百姓就会感动得热泪盈眶。“为了使天皇放心”，日本人甚至可以献出自己的生命。在这种建立于人际关系之上的日本文化中，把天皇作为忠诚的象征，其意义远比国旗要重大得多。日本教师在接受训练时，不能说人的最高义务是爱国，必须说是对天皇的报恩，这样他才不会被指责。

在日本的臣民与天皇之间，“忠”是种双重体系。一方面，日本臣民是直接对天皇尽忠，没有中介的参与，可以用行动来使“天皇放心”；另一方面，天皇所发布的敕令，要经过存在于天皇与大臣间的各种中转，再层层传到臣民的耳朵里。“这是天皇御旨”，仅仅一句话就可以唤起日本老百姓的“忠”，而且其强制力比任何现代国家的号召都要强大。罗里曾描述过这样一件事，一次军事演习中，一位军官在带队出发前下令，没有经过他的许可，任何人都不能喝水壶里的水。日本的军队训练强调的是，士兵在极其困难的条件下也能连续行军五六十英里。

那一次，由于缺水和劳累，军队中有二十个人倒下了，其中五人死亡。军官打开死亡士兵的水壶，发现里面的水一滴都没有少。这些士兵认为，“那位军官的命令就等于天皇的命令。”

日本的民政管理中，“忠”对一切具有强制性，包括丧葬和纳税。税吏、警察、地方征兵官员，等等，全都是臣民尽忠的中介。照日本人的说法，遵守法律就是他们对“皇恩”的回报。这一点同美国的习惯大相径庭。美国人认为，任何有关停车的尾灯标志，还有所得税的立法，等等，都是在干涉个人事务中本应享有的个人自由，全国人民都会因为这个新法案而感到愤慨。甚至联邦法律也受到了国民的双重怀疑，因为它实际上干扰了各州的立法权，被认为是华盛顿官僚集团强加给国民的。许多国民都认为，无论怎样反对那些法律，都无法安抚他们的自尊心。因而在日本人眼中，美国人简直是无法无天，但对我们来说，日本人实在缺乏民主观念。也许应该说，两国国民的自尊心与彼此不同的态度有所联系。美国人的自尊心和“自己处理自己的事”联系在一起，而日本人的自尊心则是和“人们对施恩者的报恩”联系在一起。这两种习惯的困境是不同的，我们的困境是，即使联邦政府立下对全国都有利的法规，国民也很难接受；而日本人的困境是，他们一生都背负着恩情债。或许每个日本人都有可能在一些特定场合中，找到既不会触犯法律，又能够逃避苛刻要求的办法，因此他们甚至会对某种暴力、直接行动或私人报复进行赞赏，对此美国人完全不赞同。尽管仍然存在着许多的保留条件，但都动摇不了“忠”对日本国民的支配力。

1945 年 8 月 14 日，日本正式宣布投降，全世界的人民都看到了“忠”在日本的巨大威力，并对此深感难以置信。许多了解日本的西方人士认为，日本是不可能投降的。他们说，认为日军会放下武器的人，简直是太天真了。日军的许多部队都没有遭受过地区性的失败，他们仍然确信，在战争中自己是正义的一方。在日本本土的各岛上，到处都存在着誓死顽抗的人。占领军的先头部队只能是小部分人，因为他们如果前进至舰炮射程以外，就很有可能被残杀。好战的日本民族在战争中是无所不畏的。但是，这些美国分析家们都没有考虑到最重要的一点，那就是“忠”在日本的作用。只要天皇发话，战争就会结束。在天皇广播宣布停战之前，那些顽强的反对者们围住皇宫，企图阻止天皇发布停战诏书。然而只要天皇宣布停战，他们全都会服从，绝无怨言。不管是在东三省和爪哇等地的前线司令官，还是那些本土的东条英机们，都没有一个人敢站出来反对天皇。在着陆后，我们的军队受到了欢迎。曾有名外国记者这样写道，美军早晨着陆时，手上还拿着枪，但中午时他们就把枪收起来了，傍晚时更是悠闲地到街上采购日用品了。战败后的日本人用遵守和平的方式来表达自己的“忠”，以使“天皇放心”。可在一星期前，日本军人们为了使“天皇放心”，还发誓要奋不顾身地用竹枪击退夷狄。

只要西方人承认，支配人类行为的情绪是会发生变化的，那么日本人的这种态度便不难理解。有人说日本民族除了灭绝别无出路；而另一些人则认为，自由主义者只有推翻现政府，并把政权掌握在手中，日本才能得救。对于这两种说法，如果是发生在一个拼死进行总体战，并获得全民支持的西方国家中，尚可理解，但是，他们错误地以为日本的行动方针会与西方国家大致相同。有的西方人士甚至在日本被占领几个月后预言说，日本已经失去了所有机会，因为西方式的革命尚未在日本发生，或者说，因为“日本人尚未意识到自己已经被打败”。这是以西方的真理标准为基础的社会哲学。但是，日本不是西方国家，它没有采用西方式的革命，它在对抗占领军时，也没有用消极破坏的方法。在战斗力被完全摧毁之前，他们就要求自己把无条件投降看作是向天皇尽“忠”。在他们看来，他们守护了最珍贵的东西，付出的巨大代价是有价值的，他们有权说：即使是投降，只要是天皇下的命令，就必须执行。也就是说，就算是投降，“忠”仍然是最高的道德标准。

第七章　情义世界

“最难承受的是情义”，这是日本人常说的。日本人认为，就像一个人必须报答“义务”一样，也必须报答“情义”。但是，“情义”所要求的义务和“义务”所要求的义务，分别属于不同的两个范畴。在英语中，与“情义”含义相当的词根本找不出来。在世界文化中，人类学家发现“情义”是所有奇特的道德义务范畴里是最奇特的一个定义，也是日本所特有的。日本和中国共有的道德规范是“忠”与“孝”，虽然日本对“忠”与“孝”这两个概念做出了改变，但从某种渊源上来讲，还是与其他东方国家所熟悉的道德要求相似。“情义”不仅与中国的儒教无关，而且与东方的佛教也毫无关系。想要了解日本人的行为方式，就要先了解“情义”这种观念，因为“情义”在日本有其特有的范畴。日本人在谈到行为的动机、名誉以及在日本会遇到的各种麻烦时，都经常会谈及“情义”。

西方人认为，从报恩到复仇，“情义”包含着一系列复杂的义务。这也许就是何为日本人不想对西方人解释“情义”含义的原因，甚至在他们自己的词典中，这个词的定义也是很模糊的。一本日语词典对“情义”的释义是:“正道；人应该遵循的规则；为避免遭受世人非议而做的不愿意做的事。”西方人当然无法理解这样的解释，但“情义”与“义务”的差别却被“不愿意”这个词做出了界定。不管“义务”对自己的要求有多么苛刻，其含义总是指，对自己的骨肉至亲，对代表自己的国家、生活方式以及爱国精神的最高统治者应尽的一切责任。这种牢固的联系理应被履行，因为它是人与生俱来的。在“义务”中，尽管有些特定的行为会使人“不愿意”，但“不愿意”做的意思在“义务”本身的定义中，是绝对没有的。而对“情义”的报答,则使内心充满不快。欠人情者在“情义”这个领域中的困境，实际上已经到达了极致。

“情义”被分成了两类，一类被称为“对社会的情义”，字面意思是“报答情义”，也就是对别人报恩的义务；另一类被称为“对名誉的情义”，与德国人的“名誉”大致相同，就是避免任何事物玷污了名誉的责任。可以把“对社会的情义”视为某种需要履行的契约关系，但它与“义务”的区别在于,“义务”是对亲属履行责任。因此,“情义”是对包括姻亲家属在内的亲属所履行的义务，而“义务”则是对直接家属履行的责任。从“情义”的角度出发，岳父和公公被称作父亲，岳母和婆婆被称作母亲，姻亲兄弟和姻亲姐妹也被称作兄弟和姐妹。这些称谓既可以用在配偶的亲属中，也可以用在亲属的配偶身上。在日本，维持家庭与家庭之间契约关系的是婚姻，履行“情义”，就是对配偶的家庭履行契约性的义务，而其中最沉重的，是对为此项契约做出安排的父母履行的情义。日本人说，儿媳没有居住在其原生家庭中，因此，儿媳对婆婆的“情义”尤为沉重。尽管女婿对岳父的义务有所出入，但也仍然很可怕。因为当岳父有困难时，女婿必须给予帮助，而且还要履行其他契约性义务。有个日本人说：“儿子成年后，出于对母亲的爱而侍奉母亲，这算不上情义。”也就是说，“情义”并不是发自内心的行动。不管付出多大代价，对姻亲的义务都是必须履行的，否则会遭受世人谴责，而最可怕的谴责便是“此人不知情义”。

“入赘养子”深刻地体现出日本人对姻亲家属义务的态度。入赘养子是指丈夫像女人嫁人那样入赘到妻子家中。如果一个家庭只有女儿没有儿子，那这个家庭的长辈就要为延续香火，而选择一个女儿的丈夫入赘，收其为养子。在自己的原户籍中，养子原来的名字会被抹掉，而改姓岳父的姓氏。他入赘到妻子的家庭后，同一般女性出嫁一样，在“情义”上将从属于岳父母，死后也要葬入岳父母家的墓地。当然，择婿入赘常常是为了双方利益，也就是所谓的“政治联姻”，而不单单是因为自家没有儿子。有的女方家里虽然贫穷，但地位高贵，男方会带着钱进入女方家，进而在等级制中提高自己的身份地位。而有的女方家庭富裕，可以提供资金供女婿上学，女婿便会以离开原生家庭，入赘妻子家为代价，来“交换”这样的恩情。有的家庭里，女方父亲则是为了在未来能有一个公司的合营者。不论出于何种原因，入赘的养子都会深感所受“情义”十分沉重，因为，在日本，自己的名字被列入他人家庭户籍，是件非常严重的事。在日本的封建时期，养子为证明自己是新家族中的一员，于战争时必须为养父而战,即使是要杀死亲生父亲。在近代日本，“情义”的强大约束力便是入赘养子的“政治联姻”所造成的，而这种约束力把养子的命运与岳父的事业，和岳父家族的命运绑在了一起。在明治时期，这种情况尤为明显，而且常常是双方互利的。但入赘养子并没有得到社会认同，很受嫌弃和厌恶。日本有句谚语说的是:“有米三合，绝不入赘。”日本人表现出的嫌弃和厌恶，也是因为“情义”。如果这种风俗是存在于美国的话，那么美国人肯定会说:“男子汉大丈夫是不会干这种事的”，可日本人并不这样说。总之，在日本，履行“情义”令人非常为难，而且是“不愿意”的行为。因此，对日本人来说，最能表达自己担负着沉重的人际关系的一句话就是“为了情义”。

不仅对姻亲的义务出于“情义”，对伯父母和甥侄的义务也是出于“情义”。而对这类亲属的义务并非“孝”的范畴，这是在家族关系上，日本和中国的一个重大差异。在中国，这类亲属，甚至比这还要远的亲属，也会分享共同的资源。但在日本，这类亲属则属于“情义”关系，也就是“契约上”的关系。日本人认为，救助这类亲属只是为了偿还他们同属一脉的恩情，而绝非是这类亲属曾经对他们有过什么恩情。

虽然在抚养自己孩子的问题上，也出于同样的动机，但这是一种当然的“义务”；而对亲属的帮助，却被列入“情义”的范畴。当必须帮助这类亲属时，日本人就会像帮助姻亲那样说：“我这么做是为了‘情义’。”

武士对大名及其同伴的关系，是重大的传统“情义”，它比姻亲的情义更受大多数日本人重视。这种关系是重视名誉之人对其上级和同辈所尽的忠诚。很多传统文化作品都在歌颂这种“情义”，并视之为武士的德行。在德川家族统一全国以前，这种“情义”在日本人心目中超过了他们对将军“忠”的义务。在十二世纪，一位大名被源氏将军要求，去引渡他所庇佑的敌对领主，而那位大名写的回信被保存至今。他感到自己的“情义”受到责难，非常气愤，拒绝以“忠”的名义背叛“情义”。他在回信中写道：“对于这个公务，我无能为力，但武士看重名誉，武士之间的情义是永恒不变的真理。”也就是说，“情义”超越了将军的权力。他拒绝“背叛所尊敬的人”。在古代日本，这种武士德行超越了一切的例子，被写进历史故事中，至今依然广为流传，甚至被改编成能乐、歌舞伎和神乐舞蹈。

这些故事中，最著名的是十二世纪的豪杰——弁庆的故事。弁庆是一位力大无穷的浪人（没有主君，自谋生路的武士），但他除了一身神奇之力之外，别无所长。他曾寄居在僧院里，这让僧侣们感到十分恐慌。他为了筹措封建武士所需要的行装，斩杀了过往的武士，以此收集刀剑。有一次，他向一位年轻领主发起挑战，这位领主看上去武艺平平，但却让弁庆深感遇上了劲敌。最后，弁庆发现，这位年轻领主是源氏的后裔，正在为源氏家族恢复将军地位谋划着。这位年轻的领主名叫源义经，是日本人非常崇拜的英雄。弁庆向义经表示了自己忠诚的“情义”，并为义经赢得了无数胜利。但在最后一次敌众我寡的战斗中，他们不得不带领家臣逃跑了。他们化身僧侣，为建立寺院而走遍日本全国。弁庆扮成领队，义经则穿着同样的衣服混在一行人之中。在途中，每次遇到敌方通缉时，为了蒙混过关，弁庆就拿出一卷自己编造的寺院募捐簿，念诵起来。但有一次，他们还是引起了敌方的怀疑，尽管义经穿着卑微，但他的贵族气质却是无法掩盖的。弁庆立马就想出了一个办法，他以一点小事为由扇了义经一个耳光，让敌人信以为真，打消了对义经的怀疑。因为，如果这个和尚真是义经，家臣是绝不会违背“情义”而动手打他的。弁庆的这种不敬行为，挽救了义经和其家臣的性命。到达安全之地后，弁庆立即跪在了义经脚下，请求义经赐死，但义经赦免了他。

这些故事发生在尚未受到厌恶念想玷污的时代，故事中讲到的“情义”都是发自内心的，是近代日本一个关于黄金时代的梦想。在那样的时代，“情义”不包含任何“不愿意”的因素。在“情义”与“忠”相冲突时，人们可以正大光明地选择“情义”。当时，“情义”是一种直接的人际关系，带有封建性，备受人们珍视。“情义”的含义，是对君主一生忠诚，而君主也以诚相对；

对“情义”的报答，则是把生命献给深受其恩的君主。

当然，这只不过是一种幻想。日本封建时期的历史表明，敌方大名收买了许多武士的忠诚。而且，更为重要的是，如果君主侮辱了其家臣，家臣会弃职离开，甚至会与敌人勾结，这在下一章中会有所叙述。对于赞颂复仇的行为，日本人就跟赞颂捐躯尽忠一样乐此不疲。两者都与“情义”相关。对君主的“情义”是尽忠，受到侮辱后的复仇则是维护自身名誉的“情义”。在日本，这就像是一块盾牌的正反两面。

对现在的日本人来说，古代与忠诚有关的故事只是令人兴奋的梦而已。因为，现代对“情义”的报答，指的是对各类人事履行的各种义务，而非对自己君主所尽的忠诚。今日的日本与“情义”有关的言语都充满厌恶之意，人们不得不违心去履行义务，因为他们常常要遭遇舆论的压力。他们说：“出于情义，我才答应这门亲事”“出于情义，我才录用那个人”“出于情义，我才会去见他”，如此等等。“受到情义的纠缠”，这也是他们常常会说的话，这句话在词典中被解释为“我是被迫这样做的”。他们口中“我被他用情义强迫”“我被他用情义所逼”此类话的意思都是在表达，说话之人迫于曾经受到别人的恩情，而不得不做出违背心意之事。不论是在农村，还是在小商店的交易中，或是上层财阀的圈子里，甚至是在日本内阁中，人们都“为情义所迫”。一个人在求婚时，可以用两家的至交关系来强迫对方家庭答应婚事；同样的手段，有人会用以取得农民的土地。为

“情义”所迫之人不得不答应，他说：“我受了这个人的恩情，如果我不帮助他，别人就会说我违背情义。”这些说法的潜台词正如词典中解释的那样，“只是为了情义的缘故（for ‘mere decency’s sake’）”。

在日本，“情义”是必须报答的，是一项严格的规定，这与摩西十诫那样的道德准则很是不同。有时，一个人在“情义”所迫之下，不得不忽视正义。他们常说：“为了情义，我只能放弃正义。”而且，“情义”的准则与所谓的“爱邻如己”也毫无关系。“情义”的准则并没有要求一个人应该主动且真诚地对他人予以宽容。他们认为，必须履行“情义”的原因是“如果不这样做，别人就会说他违背‘情义’，从而在人前就抬不起头。”总之就是，迫于他人舆论而不得不履行“情义”。事实上，在英语中，“对社会的情义”常常被译为“服从舆论（conformity to public opinion）”。在英语词典中，“因为是对社会的情义，只好如此”这句话还被译作“世人不会承认其他办法（People will not accept any other course or action）”。

最有助于理解日本人态度的方法，是把“情义”领域中的规矩与美国人偿还借款的规矩进行比较。美国人对于接受他人信件和礼品，以及得到忠告时，并不会像偿还银行借款，或付清利息那样严格地去报答这种“情义”。美国人在进行金钱交易时，如果有人不能偿还借款或付清利息，就会被宣布“人格破产”，这个惩罚是非常严厉的。同样，对不能报答“情义”的人，日本人就会视为其“人格破产”，然而在日本人的生活中，无论做什么事都会涉及“情义”。这就意味着，对于生活中那些美国人毫不在意的细微言行，日本人则却谨慎对待，他们一生都在复杂的环境中患得患失。

在“社会的情义”观念中，日本人在思想上对“情义”的报答是不失一毫一厘，绝对等量对待的，这一点和美国人偿还借款非常相似。“情义”和“义务”在这一点上的定义完全不同。“义务”是无穷无尽的，不管怎么做都不可能完全完成。“情义”则非如此。美国人认为，日本人几乎怀着“滴水之恩，涌泉相报”的态度去对待恩情，但日本人则不是这么想的。日本人的馈赠习惯在我们看来也非常奇怪，比如，每个家庭每过半年就要包装一些礼品，以答谢六个月来所受的馈赠；女佣的家里每年都会寄一些东西给雇主，以感谢雇主的聘用。但是，日本人忌讳“赚礼”这种比所受馈赠都重的回礼，认为这是非常败坏名誉的事，并认为送礼者是“用小虾钓大鱼”，很不光彩。对“情义”的报答也是这样的。

不管是劳务还是物品，都会被人们记录下来，作为相互之间的来往依据。在农村，这些记录有些被村长保管着，有些被组（原文为“Work-party”，指农村插秧、盖房、婚丧嫁娶等繁忙时的互助关系，以及由此结成的团体）内某个人保管着，有些则被家庭或个人保管着。送葬时，除了会带“奠仪”外，亲戚还要送上以各种颜色的布做成的送葬的幡。近邻们都会来帮忙，女的下厨房做菜，男的则负责制作棺材和挖墓穴。在须惠村，村长把这些事情都记录在了往来簿中。这本往来簿对死者家属而言十分珍贵，因为它记录了远亲近邻们送了什么礼，帮了什么忙，也是在别家举行葬礼时必须还礼的依据。这些礼尚往来长期进行着。除此之外，在部分村中，葬礼的礼尚往来同庆宴一样，都是短期的。对帮忙制作棺材的人，死者家属要用饭菜来款待，而帮忙者也要给死者家里送些大米以作为膳食之资。这些大米也会被村长记录下来。在举行庆祝宴会时，客人们也会带来一些米酒，作为宴会的饮料。不管是出生、死亡，还是插秧、盖房、联欢会等，为了方便日后回报，这些所受的“情义”都会被详细地记录下来。

关于“情义”，还有一点也是日本与西方偿还借款的相似之处。那就是，如果到期未还清“情义”，那么所受的“情义”会像利息一样逐渐增长。埃克斯坦博士把他与一位日本制造商的往来经过记述了下来，野口英世的传记资料得以将其收录。这位商人曾资助了埃克斯坦博士去日本时的费用，埃克斯坦博士回到美国后，撰写了传记，并将定稿后的作品寄给了这位日本制造商，但却没有收到回执或回信。博士担心，是否是书中某些地方触怒了这位日本人。他接连寄出了好几封信，依然没有回音。几年后，这位日本制造商给博士打来电话，说他正在美国。不久，他带着几十棵日本樱花树来到埃克斯坦博士家中拜访。这份礼品如此贵重，正是因为他认为自己的回礼拖延得太久了，所以必须厚礼相偿。这位日本人对埃克斯坦博士说:“你当时应该不是想要我立刻回报吧！”被情义所迫之人，往往会因回报时间的拖延而加倍予以偿还。例如，有一位商人受到了他童年老师的侄子的求助，而这位商人在年轻时，无法报答老师的情义，于是他在情义上所要付出的回报，随着时间的推移逐渐增加。于是，这位商人为了偿还老师的“情义”，就“不得不”答应帮忙，“以免遭到世人的非议”。

第八章　雪除污名

在日本，人们对名分的“情义”的定义，是避免名声被玷污的一种义务。它是由一系列德行所构成的，西方人认为，有的情况会互相矛盾，但日本人却认为都是完全统一的。因为这类义务不属于“恩”的范畴，也全无受恩于他人的问题，仅仅是保持自身名誉的一种自我行为。其内容包括：能遵循“各得其所”等繁琐的礼仪，能忍受极大的压力与痛苦，且在专业及技能领域中维护自我声誉。名分之“情义”，是需要消除毁谤或侮辱，这两者都会使名誉受到玷污，因此必须雪除，必要时还可对毁谤者进行报复，甚至不惜以命相抵抗。除此两种极端做法之外，还存在多种其他方式，当事人绝不能淡化和忽视它。

对于我所提到的“对名分的情义”这一说法，日本人并无异议，只不过将它定义在报恩范围之外了。这一特点只作为分类之用，并不意味着“对社会的情义”等同于对善意关切的回报，而“对名分的情义”则突出地包含了报复的意味。西方语言把二者放在了感激与报复两个对立面上，这一切到了日本人这里，都被淡然处之了。为什么一种德行不能兼有对他人的善意反应，和对他人的恶意或轻蔑的反应呢？

这就是日本人的思维认知。他们认为，恩情和侮辱所带来的感受是无差别的，只要是一个正派的人，都要认真回报。他们不会用侵犯和非侵犯的概念将二者区分开来，这和我们的认知不同。对他们来说，侵犯的行为只存在于“情义”范畴之外。倘若一个人遵守“情义”，雪除污名，只会被认为是算清了旧账，而绝不会被说成犯了侵犯之罪。在日本人眼中，受到的侮辱、毁谤以及失败，是一定要报复或雪除的，否则“世界就不平稳”。若出现此种现象，作为一个正派之人，就必须倾尽全力去恢复世界的平衡。这是人性之美，而非人性之罪。在欧洲史上的某些时代里，对名分的“情义”，也曾是道德价值观之一，包括了日语中把感谢与忠诚相结合的表达方式。文艺复兴时期，这种道德价值观在意大利便盛极一时。古典时期西班牙的elvalor Espaol（西班牙的勇敢）和德意志的die Ehre（名誉），甚至百年前欧洲流行的决斗行为等，其潜意识都有共通或相似之处。世界上任何一个以重视“雪除名誉污点”道德观为主导的地方，其道德核心总高于一切物质利益。越是为了“名誉”牺牲财产、家庭乃至生命，就越是道德高尚，这成了定义道德的标准之一，也成了这些国家所提倡的“精神”价值的基础。即便是给这些国家及人民造成了巨大的物质损失，也很难以利害得失来对它进行衡量。这样的名誉观，与美国人生活中惯常的激烈竞争和公开对抗，形成了鲜明的对比。和上述道德核心高于一切物质利益的国家不同，在美国某些政治或经济交往中，或许对保有物质利益并无限制，但要获得或保持某种物质利益，势必会演变成战争。至于肯塔基山中的居民所进行的械斗，那只是例外，那里被推崇的名誉习俗是在“对名分的情义”这一范畴之内的。

不过，因“对名分的情义”而产生敌意和伺机报复的情况，绝非东方气质和道德观。中国人、泰国人、印度人都不存在这些特征。在中国人那里，一被侮辱和诽谤就神经过敏的人被认为是道德水平低下的“小人”。相反地，在日本，对名誉的敏感是高尚理想的一部分。中国的伦理观认为，一个人如果使用不正当的暴力手段报复其所受的侮辱，其行为是错误且可笑的，他们自然也不会不择手段地雪除污名。泰国人像中国人一样，坚信“容忍退让是暴露对方卑鄙的最好办法”。

想要充分认识“对名分的情义”的完整意义，我们就必须全面考量日本各种非侵犯性的道德。复仇并非这类德行的全部，冷静且克制的行动也是包括在内的。一个自重的日本人基于“对名分的情义”，必须学会坚忍和自我克制。日本女性遭遇分娩之痛时必须要强忍住，不能大喊出声，而日本男人在面对痛苦和危险时，必须镇定自若。即使是在村庄遭遇洪水灾害时，日本人也不会惊慌失措，而是会带走必需品去寻找避灾的地方。在秋分前后，暴风雨袭来之时，也要做到同样的自我克制。这是每个日本人自尊心的一部分，无论是否能够完全做到，都是他们行为的必然要求。日本人还为这种自我克制赋予了“位高则任重”的意义，这和美国人不要求自我克制截然不同。在封建时期，虽然对武士的要求比对庶民要高，但平民仍旧要遵循该阶级的生活准则。换句话说，武士被要求忍耐极端的肉体痛苦，庶民则被要求无条件地忍受持刀武士的侵犯。

武士的坚忍在于，只要受命就要做到，即使饿得要死也必须忍耐，且要用牙签剔牙，佯装饱腹。俗语有云：“雏禽求食而鸣，武士口含牙签”。在战争中，它是士兵的格言和信念，支撑着他们不屈服于痛苦。日本人的态度就像是那个少年兵回答拿破仑的那样：“受伤了？不，报告陛下，我被打死了！”武士就是面对死亡也要毫不畏缩的人。1899 年去世的胜伯爵（指胜海舟，1823—1899，幕末及明治初期日本著名的政治家、军事家，曾任职幕府陆军总裁、明治政府外务大丞、兵部大丞、海军卿等），出身于武士家庭，然而家境一贫如洗。他说，小时候睾丸被狗咬伤，医生给他做手术时，父亲就把刀戳在他的鼻梁上说：“一声也不许哭，要是哭，我就叫你死，要不愧为一个武士。”

“对名分的情义”，还对生活与身份的适应性做出了要求。若是不相适应，就会丧失自尊。德川时代的“取缔奢侈令”，规定了各类人的衣着、财产、用品等。而人们选择按照身份去生活，就代表了他们已经接受这样的规定，并将它视为自尊的一部分。这种依照阶级地位而出台的法律政策，美国人完全无法理解。他们认为自尊与提高自身地位是紧密相连的，而取缔奢侈令，显然否定了这个社会基础。德川时代规定，不同等级的农民只能给自己的孩子买所对应的，同等级别的布娃娃。这类法律使我们不寒而栗。美国人也曾经有过同样的生活状态。工厂主的孩子可以拥有一列电动火车，而佃农的孩子有一个用玉米棒做的娃娃就够了。我们承认收入的差异，也认为这是合理的现实。争取高薪报酬俨然已成为我们自尊体系中的一部分。布娃娃的购买受限于收入高低，这并不违背我们的道德观念。而在日本，有钱只会令人感到无比困惑，守本分才能让人安心。即使在今天，美国也依旧无法理解日本的这一行为——穷人和富人都以遵守等级制的习惯来保持其自尊。法国的托克维尔（Tocqueville）早在1830年就在其著作中提到了这个问题。生在十八世纪的托克维尔，在对平等制的美国给予好评的同时，仍钟情于贵族生活，他认为美国在美德之外少了真正的尊严。他说："真正的尊严在于各得其所，不卑不亢，从王子到农夫，都可以以此自许。"托克维尔一定能理解日本人身份与生活相适应的这种"情义"态度吧。

时至今日，经过对民族文化的客观研究，人们针对"真正的尊严"所给出的定义并未统一，恰如他们对屈辱也会做出不同的解释一样。有些美国人叫嚷着，认为只有由他们来推行平等原则，日本人才能获得自尊。这其实是以自我为中心的民族主义的错误。这些美国人并不了解日本人的自尊是建立在何种基础之上。我们承认，贵族制度的"真正尊严"逐渐在时代的潮流中消退，我们也相信，某种更优异的尊严正在取而代之。无疑，日本最终也会走上这样的道路。但今天，日本对自尊的重建只能建立在其自身的尊严基础上，而非听从于我们。简言之，就是自我纯化。

“对名分的情义”，远不止“守本分”这一种义务。直至在二三十年前，借款者一般都要向债主表示:“若无法还债，我愿在众人面前接受耻笑”。这样便把“对名分的情义”抵押给了债主。现实是，日本没有当众揭丑的惩罚方式，因而无法偿还债务的人也不会受到公开的侮辱。但当新年来临之际，仍无力还债的人会选择自杀，以此方式雪除自己的污名。所以直到今天，在除夕之夜仍会发生以自杀挽回名誉之事。

各种职业的全部责任和“对自身名分的情义”是密切相关的。在特殊情况下，当一个人成为万众责难的焦点时，日本人的要求往往十分奇怪。比如，学校遭遇火灾，校长们会引咎自尽，即便在事实上，他们不需要为火灾承担任何责任，他们这么做只不过是因为学校里挂着的天皇御像受到了惊吓。也有教师会奋不顾身地冲进火场，只为抢救天皇御像，最后被活活烧死。他们的死，证明了其重视对“名分的情义”——对天皇的“忠”。时至今日我们仍会听到一些传言，说有些人在庄严地捧读教育敕语或军人敕谕时，因为偶尔读错，便以自杀来雪除污名。在如今的天皇统治下，也发生过误把自己的孩子起名“裕仁”（当今天皇御名，在日本必须避讳）而自杀并杀子的事情。

日本的任何一位专业工作者，对其专业上“名分的情义”的要求都十分严格，而且这种严格并非依靠美国人所说的那种高度的专业水平来维持。教师说：“因为教师名分的情义，我不能说不知道。”换句话说，就算他对青蛙的属性一窍不通，也必须装作有所了解的样子。即使只在学校学过些基础英语，就当了英语教师，也不能容忍别人修正他的错误。“教师名分的情义”就是这种自我防御。实业家对此也不可避免。“实业家名分的情义”要求他即使在自己的计划失败，或公司破产在即的那一刻，也不能向任何人透露只言片语。同理，“外交家名分的情义”也决定了他也不能承认自己外交方针的失败。上述“情义”的含义几乎将一个人和他的工作画上等号，也就是说，我们批评某人的行为或能力时，就是在批评他本人。

美国也会出现类似于日本人这种，对失败和无能等不名誉之事的反应。众所周知，有些人听到诽谤就会气得发狂。但我们美国人却鲜有像日本人那样的，高度戒备的自我防御心理。在美国，如果一位教师对青蛙的属性一无所知，那不论他如何掩饰，内心总觉得还是老实承认比较好。如果实业家对目前的创意方案不满意，他是可以推行新方案的，而不会认为坚持到底才能维护自尊，更不会承认错误后就辞职或退休。可在日本，这种自我防御心理根深蒂固。因而他们不会当面过多地谈论他人专业上的失误，这是基本的礼节，同时也是一种明智的做法。

在与人竞争失败时，这种敏感性表现得尤为突出。比如，面试时别人被录用了，自己却落选了，失败者会深感“蒙羞”。这种羞耻感，抑或成为发愤图强的动力，但更容易变成危险的沮丧，令他丧失自信，郁郁寡欢，或怒发冲冠，甚至兼而有之。美国人应当认识到，日本的竞争不会与在美国社会中产生的那种可取的效果相同。在美国，竞争刺激人们的心理，可以让人提高工作效率，为此做出最大努力并高度依赖它，但美国人在独自一人做事时，是得不到那种成绩的。在日本，测试结果正好相反。日本的儿童大多把竞争视为游戏，并不十分在意。少年期结束后，这种状况尤甚。而青年和成年人的工作效率则会因竞争而降低，然而独立工作时，进步明显，错误会减少，速度也会提高，其工作效率远比与竞争对手在一起时要高。在用个人成绩来衡量自己时，他们是进步的，会做得更出色。几位日本实验者对造成上述状态的原因做出了正确的分析。他们说，在竞争的状态下，日本人会不断担心失败，因而工作状态受到影响。竞争对手让他们感觉似乎自己正在被侵犯，他们变得异常敏感，因而注意力会集中在担心失败这件事上，而无法专心工作。

测试的结果显示，接受测验的学生都会害怕失败，担心蒙羞，并因此而受到影响。正如教师、实业家要保持各自专业上“名分的情义”一样，他们也要保持自己学生“名分的情义”。在竞赛中失败的学生团队会采取某些非常行动来雪除失败的耻辱。赛艇运动员会手握船桨扑倒在船上号啕大哭；垒球队员会抱作一团失声痛哭。在美国，我们会认为他们这样做器量太小。按礼，失败者应该认为对方是因优秀而获胜，应该向胜利者致意。我们再怎么讨厌失败，也看不起那种因失败而无法控制情绪的人。

日本人总有巧妙的办法来规避直接的竞争。以日本小学为例，教师们奉命教导每个儿童努力提高自我成绩，且不会将学生们拿来做比较。日本小学里不存在留级制度，同级生要一起学习全部课程，然后一起毕业。小学生的成绩表上标注的是操行品质，而非学业成绩。然而，中学入学考试的竞争无法避免，其紧张程度是局外人无法理解的。每一位老师都或多或少地知道一些孩子因没能考上中学而企图自杀的故事。

尽量减少直接竞争的做法，贯穿于日本人的全部生活。对美国人来说，最重要的是在同辈竞争中脱颖而出，但在以“恩”为基础伦理的地方，极少会容许这样的竞争存在。他们的等级制体系拥有繁琐的规定，以减少直接竞争。从制度上来说，日本的父亲与儿子可能会互相排斥，但不会互相竞争。所以，日本人对于美国家庭中的父子在使用汽车及照顾家人方面互相竞争的情况，感到相当诧异。

在日本，随处可见的中介人是他们防止竞争者之间直接对峙的显著方式之一。当一个人因失败而感到羞耻时，中介人就要发挥他们的作用。例如，在提亲、找工作、退职以及各种繁琐的日常事务中，中介人都必须为当事双方传达对方意见。或在诸如结婚之类的交往中，双方各自均会请中介人，替各自细致交涉，然后听中介汇报。这种间接交往的方式，使得当事者不至于听到会招致憎恶，或伤及名分“情义”的要求与责难。中介人也因为在二者之间以成功的方式发挥了重要作用，而博得社会的尊敬。若谈判顺利，中介人顺利签订协议的机会便会随之增大。同样的方式在求职者与雇主之间也会用到。

一旦遭遇侮辱，必定要愤怒，已成为新几内亚及美拉尼西亚从事园艺的原始民族、部族及个人行动的主要推动力。在部族宴会上，与会者必然会议论另一个村子，例如说他那个村子穷得请不起几个客人，是吝啬鬼，还把芋头和椰子藏起来，首领们都是蠢货，连宴会都无法举行，等等。然后受到议论的村子就会大肆炫耀其富庶与大方的一面，其程度让宾客瞠目结舌，以此来雪耻。提亲及经济上的各种交易也不外乎如此。双方交战时，搭弓射箭之前，必会互相谩骂。事无巨细，他们全当是拼死一战。这是增强部族行动的动力，也让他们有了很大的活力。然而，没有人会说这些部族是崇尚礼节的。

反观日本人，他们是尚礼的模范。通过这种显著的尚礼能够看出，他们是怎样极力限制那些必须雪除污名的事端。他们也会把侮辱所引起的愤怒视为通往成功的最佳路径，但这种情况只会在特定场合，或消除侮辱的传统手段受到抑制无法生效时才会发生。通常情况下，他们会限制可能造成侮辱的事端。利用这样的鞭策，日本得以在远东地区获取统治地位，并在近十年来对英美有效推行了战争政策。西方人时常会认为日本人对侮辱十分敏感并热衷并复仇，其实这种议论更适合用在新几内亚那些偏好利用侮辱的部族身上。西方人没有意识到日本人对名分之“情义”的看重和限制，所以所做出的预测往往都不切实际。

即使日本人是尚礼的模范，美国人也不应因此低估他们对诽谤的敏感程度。美国人把评论人他视同游戏，自然很难理解，日本人会把轻微的批评看作大事件。日本画家牧野芳雄在英文自传里详细地描述了，一个日本人对他所讲的“嘲讽”做出的典型反应。写这部传记时，他已成年，并且大部分时光都是在美国和欧洲度过的，但其感受之强烈，就像仍然生活在故乡——爱知县的农村一样。他是地主的幼子，在家中备受宠爱。幼年时期即将结束时，其母亲不幸去世。不久父亲也破产，为偿还欠债，不得已变卖了全部家产。家道中落后的牧野身无分文，无法实现自己学习英语的宏愿。为了能学习英语，他不惜到附近的教会学校当门房。直至十八岁，他都未出过远门，但他却决心要到美国去。

“我向一个我最信赖的传教士倾诉了自己想去美国的想法，指望他会告诉我一些有用的知识。可这位传教士喊道：‘什么？你想到美国去？’传教士的夫人也在房间里一块儿嘲讽我，瞬间，我感到无比失望，觉得脑子里的血似乎都全部流到了脚底。我默默地站了两三秒钟，‘再见’也没说，就返回自己的房间。我自言自语道：‘一切全完了！’

“第二天一早我就离开了。因为我坚信，世上最大的犯罪是对人不诚恳，而嘲讽则是不诚恳之最。

“人们对我发怒，我可以原谅，毕竟有时脾气不好是人的本性。人们向我撒谎，我也能原谅，毕竟人性很脆弱，常常不够坚强。对流言蜚语我还是可以原谅，毕竟遇到别人说闲话时，难免不参与。

“甚至杀人犯，我都可以酌情体谅。唯独嘲讽，无可原谅，在我看来，只有内心不诚恳的人才会嘲讽无辜者。

“在这里请允许我对两个词做出我自己的定义。杀人犯：杀害某人肉体的人；嘲讽者：杀害他人心灵的人。

“心灵远比肉体宝贵，所以嘲讽是最恶劣的罪行。那一对传教士夫妇残害了我的心灵，让我深感巨大创痛。”

次日清晨，牧野收拾好行囊离开了。

一个身无分文的乡村少年想去美国学画，却不被传教士信任。他感到“被残害了”，名分也被玷污了，唯有实现自己的目标才能雪除污名。既然已遭嘲讽，他就只能离开，并竭尽所能证明自己可以到美国去。他指责传教士“insincerity”（不真诚、不诚恳）。可我们美国人认为，传教士的惊奇是十分符合“sincere”（诚实、正直）的含义的。牧野先生是在按日本人的理解来使用这个词，他们认为蔑视别人以及不屑挑起争吵的人，都是不诚实、不诚恳的。

“甚至杀人犯，我都可以酌情体谅。唯独嘲讽，无可原谅。”

既然“原谅”不是对待嘲讽者的正确态度，那就只剩下报仇了。牧野来到美国，的确雪除了污名。在日本传统中，遭遇侮辱或失败时选择报仇被认为是件好事，并且这一观点，占据了很高的地位。为西方人写书的日本人，常用比喻来描述日本人对待报仇的态度。最富博爱思想的日本人新渡户稻造在1900年所著的书中写道:“报仇，具有某种满足正义感的能量，且像数学方程式的两边必须相等那样严密，否则，便会觉得心事未了。”冈仓由三郎在《日本的生活与思想》一书中，把报仇与日本一种独特的习惯做了比较，而后写道:

“日本人的心理特性，多是由于他们喜爱洁净，厌恶污秽。除此之外，别无解释。我们被训练成（实际情况如此）将侮蔑家庭名誉或国家荣誉的情况视为污秽或疤疥，一定要对此进行申辩，雪除污名，以此来恢复清洁和健康。对于日本社会中常见的报仇事例，你不妨将其看作是一个洁癖民族的晨浴。”

“日本人过着清净无尘的生活，如同盛开的樱花一般美丽而宁静。”换言之，“晨浴”就是洗净身上的污泥，以保持贞洁。日本人从不认为，只要一个人自身并未感到受辱，就不算受辱；更加不会有“人必自侮而后人侮之”的伦理教育。

在日本，这种“晨浴”式的报仇理想常常被公开倡导。那些事例和英雄故事早已家喻户晓，最脍炙人口的是《四十七士》。这些故事不仅被编入教科书，还会在剧场中上演，或被拍成电影，出版为通俗读物等。这俨然是日本现有文化的一部分。

还有一类故事是关于向自己的主君进行报仇的。按照日本的伦理观，“情义”代表着家臣终生忠于主君，同时也意味着，家臣感到受辱时会变为仇敌。德川的一位家臣听说德川曾在背后说他是个“会被鱼骨头卡死的家伙”，深感武士尊严受到侮辱。于是，这位家臣在德川刚刚奠都江户，大局未稳时，暗中勾结敌方诸侯，里应外合，纵火烧毁了江户。在他看来，这样便是报了仇，实现了武士“对名分的情义”。日本人的“情义”，不仅是忠诚，特定条件下也会成为背叛，西方人对此不甚了解，因而对日本人忠诚的议论大多与实际不符。正如日本人自己所说，“挨了打，会成为叛徒”，受到侮辱亦复如是。

日本的历史故事大致有两个主题：一是，有错误者向正确者进行报复；二是，受辱必报，不论对方的身份地位。二者在日本文学作品中都很常见，情节也十分多样。但若认真考察过当代日本人的身世、小说及实况的人一定明白，在古代传统中崇尚报仇的日本人，现实生活中却和西方人一样，鲜有复仇行为。这并不意味他们的名誉观念日趋淡薄，而是在他们面对失败和侮辱时，更倾向于选择自卫，而非进攻。他们对耻辱的重视从未减少，只是以自我麻痹的方式代替了挑起争斗。在明治维新之前，因为缺少律法，日本人有较大可能会发起直接攻击的复仇。到了近代，法律、秩序以及处理相互依存的经济难度，使得复仇行为变得复杂，人们不再像古代一样直接，而是选择用隐秘的伎俩向仇人报复，令对方无所觉察，譬如古代典故中，将粪便暗藏于食，宴请仇敌，便是如此。不过时至今日，就连这种隐秘的复仇也极为鲜见了，更多的情况是，将攻击矛头指向自己。此时，他们可以选择把复仇当作鞭策，激励自己去干“不可能”的事；抑或任其侵蚀自己的心灵。

日本人对失败、诽谤或排斥的反应极为敏感，因而也极易怨恨自己而非他人。近几十年来，日本小说总是乐于描写有教养的日本人在极端狂怒与悲伤抑郁之间，是如何辗转不安的。小说主角总是厌倦一切，包括日常生活、城市、乡村，甚至家庭。他们的厌倦并不是因为没能实现理想，不是因为感到与伟大的理想相比，一切努力都卑微可怜至极。总之，这种厌倦并非源自现实与理想的对立。一旦拥有可追求的重大使命，他们的厌倦之心便会消失，就算目标遥不可及，厌倦之心也会荡然无存。这种厌倦之心，是日本人所特有的，属于一种极易感伤的疾病。他们把被排斥的恐惧感藏在心底，却不知该如何是好。在俄国的小说中，现实世界与理想世界的对立，是主角一切苦闷的基础，这有别于日本小说中的厌倦之心。乔治·桑塞姆爵士（Sir George Sansom）曾经说过，日本人缺乏现实与理想的对立感知。这样说并非是在解释日本人厌倦之心的根源，而是在解释其哲学观念的形成以及他们对人生的基本态度。无疑，这种与西方基本观念的相左，已经远超出这里所述的特殊事例范畴，却和日本人极易忧郁的心理有着特殊的关系。日本和俄国都喜欢在小说中描写厌倦，美国小说则不会。在美国小说中，人物的不幸几乎都归咎于其性格缺陷，或残酷社会的虐待，极少是归咎于单纯的厌倦之心。写一个人与环境格格不入，总会有一个原因，作者常常让读者从道义上去责备主角的性格缺陷，或社会的弊端。日本也有类似的无产主义者小说，比如谴责城市中可悲的经济状况以及渔船上的恐怖事件等。但正如一位作家所说，日本的人物小说所暴露的是，当人们的情绪爆发时，就像有毒的气体在飘荡，类似这样的一种社会。小说的主角以及背后的作者都认为，不必分析周围的环境或经历，不必清楚事态缘由。古代英雄习惯于向敌人发起攻击，而他们则把攻击转向自己。在他们看来，似乎找不出忧郁的明确原因。虽然也可以找些事物作为理由，但给人留下的印象也不过是一种象征罢了。

现代日本人对内的最极端的攻击行为无疑是自杀。在他们的信仰里，用适当的方法自杀，不仅能雪除污名，也能够为自己赢得身后好评。在这一点上，美国人不敢苟同。美国人认为自杀只不过是屈服于绝望而选择的自我毁灭。然而日本人则认为它可以是一种光荣的、有意义的行为。所以对于自杀，美国人持谴责的态度，日本人则持尊重的态度。在日本，某些特殊的场合中，为了维持自我“对名分的情义”，最体面的办法便是自杀。临近年关尚无力还债而自杀之人、因某种天灾事故而引咎自杀的官员、无法结合而双双殉情的恋人、以死抗议政府迟迟不向中国发起战争的爱国志士等，还有那些没有考上中学的少年们以及为了不做俘虏的士兵们，都将攻击对准了自身。一些日本权威说，这种自杀倾向是新近才出现的。究竟是否如此，我们很难判断。但就统计数据来看，近年来的自杀率总是被高估。20 世纪的丹麦和纳粹前的德国，自杀的比例比日本任何一个时代都要高。不过，日本人喜欢自杀这一主题，是可以肯定的，就如同美国总统大幅书写犯罪一样，似乎都能感同身受。只是与杀别人相比，日本人更倾向于自杀。培根（Bacon）曾说，他们是把自杀当成最喜欢的“刺激性事件（flagrantcase)”，议论自杀所获取的某种满足感，是其他话题所不能及的。

近代日本的自杀和封建时期的自杀不同，它更富有自虐性。历史故事中，武士会为了免受损坏名誉的死刑，而依朝廷之命自杀，就像在西方，地方士兵宁愿被枪杀，也不愿上绞刑架或落入敌手遭受酷刑。武士被批准切腹自尽，就像普鲁士军官因名誉受损而被允许秘密自杀一样。犯罪的普鲁士军官在得知只能以死挽救名誉之时，其上级会在他卧室的桌上放上一瓶威士忌酒和一把手枪。日本武士必然要面对死亡，只不过所选择的方式不同。和封建时期有所不同，近代日本的自杀则是主动选择。人们不残害别人，却将暴力转向自身。封建时期的自杀行为彰显了一个人的勇敢和果断，如今的自杀行为则是主动选择的自我毁灭。近四五十年间，每当日本人感到“世界混乱”“方程式的两边”不相等、需要洗“晨浴”来清除身上污秽时，他们就愈加倾向于自我毁灭，而非向他人复仇。

尽管在封建时期和现代日本，都存在把自杀作为最后一搏，以争取获胜的情况，不过现代正逐渐有所改变。德川时代有个历史典故：幕府有位年高德劭的顾问，任职将军监护人，曾在其他顾问官和将军代理人面前，公开抽刀，准备切腹。最终，他以这样的威胁方式，把自己推荐的人送上了将军职位。他既达到了目的，也没有自杀。用我们的话来说，这位监护人是用“切腹”的方式威胁了反对派。这种抗议性的自杀行为在现代已不是谈判手段了，而是为主义殉身，大致是出现在所提主张未被采纳，或反对某些已签字的协议（如伦敦海军裁军条约）时，以求留名史册的情况下。在这种场合下，想影响舆论就得实实在在地自杀，空有架势，是不会有威胁的效力的。

当“名分的情义”受到威胁时，要把攻击的矛头指向自己——这种倾向正在发展壮大，但自杀这种极端手段并非必然包括在内。自我攻击还可以表现为沮丧、抑郁以及日本知识阶层中流行的厌倦之心。这种心态之所以会在知识分子阶层流行，是因为知识分子出现过剩状态，他们在等级制中的地位很不稳定，只有极少数人能实现其雄心壮志。尤其20世纪30年代，当局怀疑知识分子有“危险思想”，令他们愈加感伤。日本的知识分子常把抑郁归因于西化所造成的混乱，但这种说法并不尽然。日本人情绪摇摆最典型的表现，就是将强烈的献身精神急转为极端的厌倦之心。许多知识分子都曾遭遇过这样的心理打击，这是日本传统所固有的状态。在20世纪30年代中期，许多人依然用传统方式来摆脱厌倦之心。他们举着国家主义的崇高旗帜，将攻击矛头由内转外。在发动的极权主义侵略中，他们重新“发现了自己”，从而摆脱了厌倦之心，并感到自身重获巨大的新能量。无法在人际关系上做到这一点的日本人，却坚信自己作为一个征服民族能够做到。

这个民族依然如故，以日本方式做出反应。在努力奋进与极端消沉之间，他们的情绪起伏不定，但这对他们而言再自然不过。眼下，对日本人来说，最重要的是要维护战败后的名誉，且他们认为友好的态度能够实现这一目的。由此而派生出的结论是，部分日本人认为，依赖美国是最安全的办法。因此他们又很容易觉得，努力反而会招来质疑，不如消磨时光好了。于是，这种消沉的情绪在日本不断蔓延。

但日本人并不欣赏消沉，他们常高喊“从消沉中站起来”“把别人从消沉中唤醒”之类的口号。这些口号在战争期间广为传播，也成为当前鼓励民众改善生活的常见号召。他们以自己的方式去抵抗消沉和无为。1946 年春，日本报纸总长篇大论地大肆宣传说“全世界正注视着我们”，而废墟中无数的瓦砾依然未清，某些公共事业仍处于停滞状态，一切现状都在玷污着日本的名誉。他们埋怨那些无家可归的难民们意志消沉，夜宿车站，让美国人看尽可怜相。对于这些启发名誉心的呼吁，日本人十分理解。他们也期望能竭尽全力，以便未来能在联合国组织中占据一个重要地位。这自然也是为了名誉，只是方向不同而已。若有朝一日大国之间和平相处，日本是可以走上自尊自重之路的。

名誉是日本人永远的目标，也是其获取尊重的必要条件。至于所使用的手段，则因时因地制宜。情况若是发生变化，日本人的态度也会随之改变，但这并不属于道德问题。而我们对“主义”、对信念的热衷，是失败也无法改变的。和战败的欧洲人不同，除少数极端分子外，日本人不需要组织地下活动来反对美国占领军的运动。在道义上，他们不认为有坚持走旧路的必要。所以占领日本数月后，就算美国人独自乘火车去日本的穷乡僻壤，不仅不用担心安全问题，还会受到曾经的国家主义者官员的礼貌接待，此间从未发生过报复行为。当我们的吉普车出现在村子里时，孩子们会站在路边喊着“Hello”“Goodbye”，母亲们会把着婴儿的小手向我们挥舞。

日本人于战败后反转的态度，美国人着实很难理解，并且完全无法做到这一点。日本民众态度的转变甚至比那些日本俘虏的变化还要令人匪夷所思。日本俘虏认为对于祖国而言，自己已经死了，既然是“死人”，我们自然无法预测他们的行为。了解日本的西方人士也几乎没人预料到，日本俘虏的态度转变会出现在战后的日本民众身上。他们几乎都认为：日本“只知道胜负”；且失败就是侮辱，定要以死报复，以雪除耻辱。某些人则认为，日本的民族性决定了他们不会接受任何议和条款。这些日本研究者们不懂得“情义”，他们在日本众多为维护名誉而做的抉择中，只挑出复仇与侵犯这两种传统方式，而没有考虑到日本人的习惯。他们把日本人关于侵犯的伦理与欧洲人的理论混为一谈。在欧洲，不论个人还是民族，战斗之前都必须确认，战争目的是永恒正义的，战斗力量则来自胸中累积的憎恨和义愤。

日本人发起侵略战争的依据，是他们迫切地希望在世界上赢得尊重。当看到大国靠军事实力赢得尊重时，他们急切力求与这些国家平起平坐。但他们缺乏资源，并且技术落后，于是不得不采用比罗马帝国时期的希律王更加残忍的手段去获得名誉。尽管付出了巨大努力，但最终还是以失败告终，这意味着侵略终归不是获得名誉的办法。“情义”带有双重的同等重要的含义，一是使用侵略手段，二是遵守互敬关系。战败之际，日本人的态度从前者转向后者，且毫无心理压力。因为，不论是哪种态度，都是为了维持名誉。

在历史上的其他场合中，日本也曾表现出这种令西方人不解的举动。1862 年，闭关锁国的日本刚刚打开大门，一位名叫理查森（Ri-chardson）的英国人在萨摩被杀害（实际上是在横滨市的生麦被害，作者误以为是在萨摩。当时，萨摩藩兵队要通过生麦村，理查森想要横穿队列，与他们发生了纠纷，因而被杀害）。萨摩藩是攘夷运动的起源地，萨摩武士的傲慢与好战在日本全民皆知，英国远征军炮轰了萨摩藩的重要港口鹿儿岛，对他们进行惩罚。整个德川时代，日本使用的都是仿造旧式葡萄牙枪所制作的武器。敌不过英国军舰，鹿儿岛自然在劫难逃。但出人意料的是，炮击之后的萨摩藩并未誓死报复，反而向英国求和。他们向强大的敌人请教，与英国通商，并于次年在萨摩建立起学校（开成所）。据当时一位日本人描述，这所学校“教授西方的学术奥义……因生麦事件而产生的友好关系正日益发展”。所谓生麦事件，指的正是英国惩罚萨摩，并炮轰鹿儿岛港一事。

无独有偶。与萨摩藩一样，以好战和激烈排外著称的还有长州藩，他们是培育“王政复古”领导者的温床。不具有正式权力的朝廷曾发布过一道敕令，命令将军在1863年（阴历）5月11日之前，将一切夷狄赶出日本。不同于幕府的冷处理，长州藩认真地执行了此命令，从要塞向通过下关海峡的西方商船开炮。可日本的火炮和弹药着实有些低劣，对外国船只并未造成损害。为了惩罚长州藩，西欧各国的联合舰队击毁了长州藩的要塞，同时向其索赔三百万美元，此时，再次遇见与萨摩藩同样奇妙的局面。诺曼在评论萨摩事件和长州事件时写道：“这些曾经的攘夷先锋，发生了转变，先不论其动机，这种行动已经证明了他们的现实主义和冷静态度，而对此，人们仅能表示出敬意。”

应时而变的现实主义，是日本人“对名分之情义”的光明一面。“情义”如月，有光明的一面，也有黑暗的一面。其黑暗的一面是指，使日本将美国限制移民法以及伦敦海军裁军条约，视为对日本民族的一种极大侮辱，并导致日本发起了这场不幸的战争。光明的一面则是指，使日本以善意的态度于1945年投降，并承担后果。显然，日本自始至终都是在按其性格行事。

近代日本的著作家及评论家有所选择地，将“情义”的一些义务介绍给了西方读者，并称之为崇拜“武士道”，或“武士之道”。我们完全有理由说，这种介绍让西方读者产生了某些误解。事实上，武士道这个名称，是近代才出现的，而非像“迫于情义”“完全出于情义”“为情义而竭尽全力”等格言那样，拥有深厚的民族感情渊源，同时，也无法诠释“情义”的复杂性和多样性。它是评论家的创作。另外，武士道还曾是国家主义者和军国主义者的口号，在这些领导人的名誉受损后，武士道的概念也备受质疑。但这绝不意味着，这个时期的日本人不再“懂情义”。恰恰相反，这正是西方人应理解的，日本人“情义”含义更加重要的时期。认为武士道等同于武士阶级，也是对“情义”的误解之源。在日本，“情义”是所有阶级共同的道德信念，相当于其他一切义务及纪律，且身份地位越高，“情义”的责任就越重，不过所有阶级都必须要讲“情义”。日本人认为，“情义”对武士的要求高于平民，外国观察者则认为，“情义”对平民的要求是最高的，因为他们所得回报较少。总之，在日本人看来，只要在自身圈子中受到尊重，就等于得到了充分的回报，而“不懂情义者”则始终是被藐视和厌恶的“可悲之人”。

第九章　人情世界

日本这种极端要求回报义务和自我约束的道德标准，同古典佛教教义相似，谴责私欲并将其看作罪恶之一，同时要求人们从内心中将其根除。日本是世界上屈指可数的信仰佛教的国家之一，但其对感官享乐的宽容度却很大，令人诧异。显然在这一点上，其道德伦理与释迦及佛典相对立。日本人不是清教徒，不会对人们满足私欲进行谴责。相反，他们认为肉体的享乐是值得培养的好事，且追求并尊重享乐，只要其享乐恰如其分，不影响人生重大事务即可。

日本人的生活因这样的道德准则而时常处于高度紧张之中。印度人比美国人更能理解，日本人允许感官享乐的后果。美国人认为拒绝沉溺于感官享乐是克制已知的诱惑。可事实上，享乐如同义务一般，需要学习。在多种文化里，人们并不会学习享乐，因而容易献身于某种自我牺牲的义务。在这些国家中，对家庭生活与男女情爱所考虑的基础不同，是另外一些因素。日本人一方面认同并培养肉体享乐，另一方面又对享乐加以限制，以防止人纵情沉溺。日本人一边把肉体享乐当作艺术加以培养，品尝个中趣味，一边又牺牲享乐，献身于义务——于是，生活变得难以处理。

日本人最爱的肉体享乐便是洗热水澡。上至富豪权贵，下至平民奴仆，每晚都要浸泡在滚烫的热水中，这是他们的生活习惯之一。最常见的浴槽是一种木质的桶，在下面烧上炭火，可使水温达到华氏110度或更高。人们先洗净身体，再将全身浸入热水中，尽享温暖与舒适。他们像胎儿一样在桶中抱膝而坐，让水浸至下颌。他们每日洗澡，其重视清洁的程度与美国差不多，但此中的艺术情趣则是其他各国的洗澡习惯难以比拟的。按他们的说法，年龄越大，情趣越浓。

在洗澡的问题上，他们极度节省费用和精力，但入浴的环节却绝不可少。在日本的城镇中，公共浴池如同游泳池一般大，人们可到那里洗澡，并与澡伴谈笑风生。而在农村的话，则由几个女性轮流在庭院中烧水，供几家人轮流洗浴，就算洗澡时被人看见也无所谓。哪怕是上流社会的家庭，入浴也必须严格按照客人、祖父、父亲、长子，最后为下等佣人的顺序进行。然后浑身绯红，似熟虾一般出浴，最后全家共享每日晚餐前闲适愉悦的时光。

如同将热水澡视为一大享乐，他们也十分重视传统中最严厉的冷水浴，并视其为一种“锻炼”。冷水浴也被称作“寒稽古”或称“水垢离”，盛行至今，只是不复从前的传统，不再于黎明前出去，坐在冰凉的山间瀑布之下“锻炼”。寒冬之夜，在没有取暖设备的日本房间里，往身上泼冷水是不可小觑的苦行。帕西瓦尔·洛厄尔（Percival Lowell）记述了这种风靡于19世纪90年代的习惯。保有这种习惯的人，志在获得医治疾病，或拥有预言的特殊才能，他们要在睡前进行“水垢离”，然后在凌晨两点“众神入浴”时，起床再做一次，乃至每日之清晨、晌午、日落时都要各做一次。但他们未曾想过当僧侣或神官。对于那些急于学习乐器，或其他谋生手艺的人来说，黎明前的这种苦行更是必要的。为了锻炼身体，日本民众常把身体裸露于严寒之中。练习写字的孩子更是有过之而无不及——练到手指被冻僵、长冻疮，日本的小学里是没有取暖设备的，据说是为了锻炼孩子们的意志，使其将来能够忍受人生的各种艰苦。而这种习惯使得西方人对日本孩子经常感冒和流鼻涕的印象更深了。

睡眠是日本人最熟练的技能和爱好之一。不管用什么姿势，在什么情况下，他们都能舒舒服服地睡觉。这使许多研究日本的西方学者深感诧异。在美国人眼中，失眠和精神紧张几乎可画上等号，而日本人的性格在我们的衡量标准中，属于高度紧张类型，可他们却不费吹灰之力就能熟睡。他们是东方少有的早睡国民，基本在日落不久就入睡。我们对于睡眠的信条是养精蓄锐；他们则没有这种盘算，并非因此而早睡。一位对日本颇有些研究的西方人写道：“到了日本，你必须抛弃那种认为今晚睡眠与休息，是在养精蓄锐为明日做准备的念头；要把睡眠与解除疲劳、保养等问题分开考虑。”这就好比一项工作的提议，睡眠是“自成一案的，与其余任何事都无关”。美国人认为，睡眠是为了保持充沛的体力。我们大多数人早晨醒来的第一件事就是计算睡眠时间。睡眠的长短可以告诉我们，白天的精力和工作效率会是在什么程度。日本人睡觉则仅仅只是因为喜欢睡觉，只要不被打扰，他们就能高兴安稳地入睡。

同样，他们也能做到毫不犹豫地牺牲睡眠。准备应考的学生熬夜学习，全然不顾保证睡眠会使他更有精力应付考试。在军队中，睡眠更是完全服从于训练。杜德（Harald Doud）大尉曾在日本陆军工作过两年，谈及与手岛上尉的一次谈话时说:“平日演习里，部队行军是连续三天两夜的，除路途上会有十分钟的小憩和短暂间歇之外，毫无睡眠可言。士兵们偶尔会边走边打瞌睡。一次，一个少尉因熟睡撞到路旁的木堆上，引起众人大笑。跋山涉水回到兵营后，士兵们还要被分配去站岗或巡逻，始终不能睡觉。我困惑地问:‘为何不让一部分人去休息呢？’上尉回答说:‘噢，不必了，他们都知道要怎样睡觉，而现在是要训练他们不睡觉。’”这段话简洁生动地表达了日本人对于睡眠的观点。

和上述情况无异，吃饭也是休息享乐与严格训练兼而有之。日本人在闲暇之时，喜爱烹调多种菜肴，且一道菜虽只有一羹匙，但色味却十分讲究。与此同时，在其他情况下“吃”更像在强调训练。埃克斯坦（G. Ecks － stein）引用了一位日本农民的话——“快吃快拉，是日本人最高德行之一”。“在日本人眼里，吃饭只是维持生命的需要，并非大事，因此，尽快地吃完是理所应当的。而孩子，尤其是男孩，总是被催促着。他们断不会像欧洲人那样，劝小孩慢慢地吃。”在佛教寺院里，饭前需要感恩祈祷，僧侣们必须把食品视为良药，换言之，正在修行的人只能将吃饭视为是必需，而非享乐。

照日本人的看法，强行绝食和弃暖弃眠一样，是测试意志是否坚强的好办法。绝食,代表能够忍受住苦难,如同武士的“口含牙签”。若人们能经受住绝食考验，体力不但不会因卡路里、维生素等能量的缺乏而下降，反而会因精神上的胜利而有所提高。美国人认为，人体内的营养与一个人所持有的体力，是相对应的关系,日本人则不然,因而才会出现东京广播电台在战时,对防空洞内避难的民众宣传，体操能使人从饥饿中恢复体力和元气之事。

浪漫主义的恋爱也是日本人习惯的另一种“人情”，尽管它与日本人的婚姻方式和家庭义务背道而驰。日本小说几乎满是这类题材。和法国的文学作品一样,小说中的主角均是已婚人士。而殉情,是日本人喜欢阅读和谈论的话题。描写爱情的小说《源氏物语》创作于十世纪，与当时其他任何国家所发表的伟大小说相比，都毫不逊色。封建时期的大名及武士们的恋爱故事，也具有浪漫主义色彩，且成为现代小说的主要题材。这一点异于中国的文学。中国人忌谈浪漫主义的爱情以及关于性享乐的话题，以此来减少人际关系间的众多纠葛，使家庭生活保持和谐。

和中国人相比，在浪漫主义的恋爱这一“人情”上，美国人更加理解日本人，不过这种理解仍停留在表面。日本人对性享乐没有我们那么多禁忌。与我们不同，日本人在这个领域不大讲伦理道德。他们认为只要把“性”像其他“人情”一般放在人生的低微位置上就行了。“人情”是没有罪恶的，因而对性的享受也就没有必要讲究伦理道德。英美人认为，日本人珍藏的画册有些是淫秽的、不堪的，认为有艺伎与妓女集中的吉原，是个悲惨的地方。日本人与西方人接触之初，就非常重视外国人的此种评论，为此还制定了一些法律，以使他们的生活习惯等接近西方标准。不过，任何法律也无法消除文化上的差异。

一些有教养的日本人会意识到，那些他们认为道德的、不怎么猥琐的事，在英美人眼里却是不道德的、猥琐的。不过他们并未充分了解到，我们的生活态度与他们那种“人情不能侵入人生大事”的信条之间，存在着巨大鸿沟。这也正是为什么我们难以理解，日本人对待恋爱和性享乐态度的主要原因。他们把夫妻生活和性享乐的范畴定义得泾渭分明，并且这两个范畴都同样公开坦率，而在美国人的生活中，这两个范畴只会是，一方公之于世，另一方只能避人耳目。对日本人来说，这两者的区别只在于，一个是义务的世界，另一个则是消遣的世界。划定范围，然后“各得其所”，这种办法使这两种范畴之事，可以适用于家庭模范丈夫，也可适用于市井花柳之徒。在日本，人们的理想不是把恋爱与结婚视为一体。美国人所赞美的恋爱关系是以择偶为基础的，“相爱”是结婚的最佳理由。婚后，丈夫若与其他女子发生关系，就等同于是在侮辱妻子，因为他把给予妻子的珍宝给了别人。日本人在择偶问题上遵循“父母之命，媒妁之言”，他们听命于家长而被动结婚。夫妻关系需要遵守清规戒律，因此即使在和睦之家里，孩子们也绝看不到父母间的亲昵表现。如同一位现代日本人在某杂志中所说：“在我们国家，结婚的意义仅是为了生儿育女，传宗接代，而其他一切目的都只会歪曲结婚的真实含义。”

但这绝不意味着日本男子会默守这种生活，循规蹈矩。他们一旦有钱就会另寻情妇，但不会把情妇带到家里，更不会企图使她成为家族成员之一。那样做的话，会把两种生活范畴混淆在一起。他们的情妇或许是精通音律、舞蹈、按摩以及其他技艺的艺伎，抑或是妓女。不过不论是哪一种人，他都要与其雇主签订契约，以保证支付女方报酬，并为女方修筑新房。唯有当女人有了小孩，且男人希望将小孩和自己别的孩子一起抚养时，才可破例把女人带回家。不过，这样的女人只能是以佣人的身份进门，而非妾侍。女人的孩子要称夫人为“母亲”，与生母再无关系。这和中国传统中，曾经履行过的，东方式的一夫多妻制迥然不同。日本人对家庭义务与“人情”的界定，在空间上也是非常明确的。

只有身处上流社会之人，才有钱蓄养情妇。多数男子都是偶尔与艺伎或妓女玩乐，而这种玩乐是完全公开化的。妻子会为夜出玩乐的丈夫整装梳洗，当妓院送来账单时，也会为其埋单。或许妻子们心里会对此抱有不悦，但也只能自我消化。到艺伎处玩乐所花的钱要比到妓院玩乐所花费的更多，但费用并不包括过夜。男人所享受的，是欣赏训练有素、穿着时尚、举止得体的美人表演与款待。若想与艺伎进一步发展，男人就必须签订契约，成为艺伎的保护人，也就是让艺伎成为他的情妇，另一种情况则是，男人拥有足够的个人魅力，以打动艺伎并使她自愿献身。与艺伎共度良宵定然会不乏色情之事，因为艺伎的歌舞、幽默，艺伎的举止仪态都是传统的暗示，具有挑逗性，并会故意表现出上层女子所不会表现出的一切。这些"人情世界"之事俨然是对"孝的世界"的解脱。他们没有理由不纵情享乐，但无论纵情到何种地步，这两个领域之间的界限依旧明晰。

妓女的住处都在烟花柳巷之中。若有人在与艺伎玩乐后感到意犹未尽，还可以到妓院去寻欢。妓院花钱少，可以满足那些钱少之人的玩乐。妓院外会挂上妓女的照片，游客们往往会毫不避讳地长时间当众品评挑选。妓女的身份地位十分卑微，比不上艺伎。她们大多是因家境贫困而被卖到妓院的，没受过什么训练，不像艺伎那般懂艺术。事实上，在过去，日本人还没有注意到西方人的非议之前，妓女会淡漠地坐在顾客面前，任其挑选。如今则以照片的形式作为替代。

一个男人可以和妓院签订契约，成为某个妓女的唯一保护人，这意味着这位妓女成了他的情妇。这种关系受契约保护。女侍或女店员则可以不签订协议而成为男人的情妇，这种“自愿情妇”大多是因为爱恋而与男人结合的，被排除在“义务世界”之外，是最无保障之人。日本人每每读到美国那些关于年轻女性被情人抛弃，孩童促膝之类的悲情故事或诗歌时，就会把这些私生子的母亲同日本的“自愿情妇”画上等号。

同性恋也属于日本传统“人情”世界中的一部分。同性恋被旧时的武士、僧侣等上层人物公认为一种享乐。明治时期，日本为了赢得西方的赞许，宣布废除许多旧习，违反则会受罚，其中就包括对同性恋行为的规定。但时至今日，这种习惯仍被认为是“人情之一”，只不过被限制在一定范围内，不允许妨碍家庭关系。因此，人们全然不必担心会出现一个男人或一个女人“变成”同性恋爱者的情况，哪怕有的日本男人是自愿成为职业男妓的。在美国，一些成年男子会扮演同性恋的被动角色，日本人对此感到惊讶。在日本，都是成年男子选择少年作为享乐对象。而对于成人来说，扮演被动角色是有损人格的。对于哪些事是可以做且不会伤害自尊的，日本人有自己的原则和底线，与我们不同。

酗酒在日本也是被允许的“人情”之一。对于美国人发誓要禁酒以及美国地方上所举行号召禁酒的投票活动，日本人都难以理解，并将其看作西方的奇怪思维。饮酒是种乐趣，也是种消遣，所以任何一个正常人都不会表示反对，也绝不会为其所困。正如不用担心变成同性恋一样，在他们看来，也无须担心会成为酒鬼，事实上，是否强制防止酒精中毒这件事，的确没有成为日本的社会问题。饮酒被视为愉快的消遣，家庭乃至整个社会都并不厌恶那些醉酒的人。谁也不会认为他们会撒酒疯胡作非为，或是家暴自己的孩子。一般来说，在日本，醉酒之人最常见的状态是纵情歌舞，挣脱平日里那些严格的礼仪束缚，随心所欲地畅饮。而在城市的酒宴上，他们还喜欢坐在别人的大腿上。

古板的日本人在饮酒和吃饭方面，有着明确且严格的分界线。例如在农村的宴会上，开始吃饭就意味着不再喝酒。日本人偶尔会在家中饭后饮酒，但绝不会出现边饮酒边吃饭的情景，对他们来说，享受是要逐一品味的。

日本人的神甚至也兼具善恶两面。最著名的神素盏鸣尊，是天照大神的弟弟，被誉为“迅猛的男神”，但他对姐姐极为粗暴恶劣，这在西方神话中极可能被定义为魔鬼。天照大神怀疑素盏鸣尊进到自己的住处，动机不纯，想把他赶出去。于是，素盏鸣尊开始肆意胡闹，在天照大神的饭厅里大便，而此时，天照大神正与侍者在饭厅里举行尝新仪式。素盏鸣尊还会毁坏稻田的田埂。更令西方人无法理解的是，他竟然在天照神的卧室上方挖了个窟窿，并从窟窿里投下了“倒剥皮”的斑驹（即男性生殖器），这实在是很过分。最后，素盏鸣尊因其所做的坏事而被处以重刑——被赶出天国，放逐到“黑暗之国”。尽管如此，他依然是日本民众喜爱的神，备受尊敬。这样的神，在其他国家的神话中虽然也存在，但绝不会存在于高级的伦理性宗教之中，因为人们认为把超自然的事物划分为善恶两类，以区分是非黑白，会更符合善与恶的斗争哲学。

由始至终，日本人都对“道德中包含着与恶进行斗争”这点持否定态度。就像几百年来，他们自己国家的哲学家和宗教家们所不断阐述的那样，“道德中包含着与恶进行斗争”的道德观并不适用于日本。他们认为，这恰恰证明了日本人道德中的优越性，而中国人被动地提高“仁”——即公正、慈爱的行为——的地位，并将这一道德观视为一种绝对标准，这样一来，一切有缺点的人或行为，其不足之处便会暴露出来。“这种道德观适合中国人，是因为中国人的劣根性决定了他们不得不依靠这种人为的约束手段。”十八世纪的伟大神道家本居宣长如是说。近代的佛教家以及国家主义指导者们也对此发表过著述，或举行过讲演。他们还认为，日本人天性善良可信，无须与自己性恶的一面做斗争，只需洗净心灵，让自己的举止适合不同场合。如果自身的污秽是被允许的，那也就很容易被洗净，人性本善会再度光彩熠熠。日本是最主张凡人皆可成佛的国家，道德观并非存在于佛经之中，而在于开启自身悟性和清净无尘的心境。既然如此，何必要自我怀疑呢？恶非人与生俱来。基督教圣经《诗篇》中说:“我在母亲怀胎时就有了罪，我出生于罪孽之中。”在日本，不存在此类神学，也没有关于人之堕落的说教。对他们而言，“人情”天赐的幸福，不应遭到谴责，无论对于哲学家还是农民，皆是如此。

美国人了解到日本人的观念，会认为它必将导致一种自我放纵的纵欲哲学出现。但正如前文所述，日本人将“履行义务”作为人生最高任务。他们认为，报恩意味着牺牲个人欲望和享乐，而把追求幸福当作人生重大目标，是令人惊异的、不道德的。在他们的字典里，幸福只是一种消遣，若认真对待，以幸福与否作为标准判断国家和家庭，是难以想象之事。人们要履行“忠”“孝”及“情义”的义务，就要常常经受各种各样的苦难，这是他们早有预料的。这样的观念和做法，虽然使得人生艰苦万分，但他们早有充分准备。不过，他们也经常放弃享乐——尽管从不认为这是坏事——但这仍需要依靠坚强意志，而这种意志恰又成了日本人最赞扬的美德。

这种传统在日本现代战争电影中也有展现，而典型的美国式反应则是，看完电影会说，这是最好的反战宣传。这些电影从头到尾都在讲述牺牲与苦难，而没有阅兵式、军乐队、舰队演习和巨炮等振奋人心的场面。不论是在讲述日俄战争还是中国事变，格调都未曾改变：泥泞中的行军、凄惨的苦战和胜负不分的熬煎，等等。银幕上不会出现胜利的镜头，甚至不会出现高喊着“万岁”冲锋陷阵的一幕，而是充斥着日军不断深陷泥泞、夜宿中国小镇的画面，或一家三代，历经三次战争的幸存者代表，他们因战争而成了残废、瘸子、盲人，等等。又或者会描写战死士兵的家人，聚在一起悲悼丈夫或父亲的场面，他们虽然失去了维持生计的支柱，但依然鼓起勇气坚强地活着。不过，英美骑兵的场景在日本战争电影中是无法看到的，伤残军人恢复健康也很少成为电影素材。甚至，战争目的也可以被隐藏起来不予展现。对日本观众而言，只要电影里的人物时刻都在尽自己一切努力去报恩，这就够了。这些电影是日本军国主义者的宣传工具，而电影制作者深知，它们是不会在日本观众中激起和平或反战情绪的。

第十章　道德困境

日本人对于忠、孝、情义、仁、人情等德行的规定，充分表达出了他们的人生观。在他们看来，“人的义务是个整体”，但它就像人们在地图上划分势力范围一样，被分成了若干领域。而人生是“忠之世界”“孝之世界”“情义之世界”“仁之世界”“人情之世界”等许多世界组成的，不同的世界有各自特殊的详细规则。人们对同伴的评价，并不是将其归为某种完整的人格，而是会说他“不孝”或“不知情义”。他们不会如美国人那样，用“不正派”等词汇来批评他人，而是会明确地指出他人在某个领域中的不当行为。他们也不会用“自私自利”或“冷漠无情”等评语，而是会明确地指出某人所违反的准则所涉及的领域。他们不会说出绝对命令或金玉良言。那些能被人们赞许的行为，总是与该行为所表现出的特定世界有所关联。在西方人眼中，日本人为了“孝”而采用的行为方式，和为了“情义”或“仁”所采用的行为方式完全不同，甚至每个世界的行为准则也可能会随着其个中情况的变化，而要求人们采取不同的适当的行动方式。例如家臣对主君的“情义”，家臣被要求至忠至诚，但当其受到主君的侮辱后，便是可以选择背叛主君的。1945年8月以前，日本“忠的世界”要求国民对敌作战，直至剩下最后一兵一卒。然而当天皇宣布投降后，“忠”的要求便改变了，日本人对外来者表现出合作态度。

西方人对日本人这样的人生观很难理解。按我们的经验，人是“遵从其本性”而采取行动的。我们用是否老实，是否合作，将绵羊与山羊区别开来。我们把人进行分类后，就希望他们的行动保持不变。非慷慨即吝啬；非主动即多疑；非保守主义即自由主义，两者必占其一。我们认为人们在信仰了特定的政治思想后，就应当去反对相反的思想意识。就好像，在欧洲战场上有合作派，也有抵抗派，我们绝不相信合作派会在战争胜利后改变立场。而这种认定是没有错的。在美国内斗中，存在新政派和反新政派，我们可以断言，就算出现了新局势，这两派也仍会按其本性采取行动。若某人的立场有所改变，譬如，非教徒变成天主教徒，或“激进派”变成保守主义者等，被称作“转向”，并理应建立起与之相适应的新的人格或思想。

虽然西方人这种行为完整性的信念不是绝对性的，但它真实存在着。不论是原始文化，还是开明的文化，在大部分文化中，人们都会赋予自身行动以某种特定属性。例如追逐权力的人，就会以别人是否服从其意志，以及服从的程度，作为衡量自我成败的标准。企望受人爱戴的人，需要多与人接触，否则就会遭受失败。人们会把自己想象成严肃正直之人；具有“艺术家气质”之人；抑或是优秀的家庭成员，等等。他们的性格通常具有某种“风格”（Gestalt），这种风格给人类的生存带来了秩序。

日本人在行为的转向上，不会有任何心理上的苦痛与折磨，西方人对此感到难以置信。我们从未尝试过如此走极端。而在日本人的生活中，那些我们认为是矛盾的事物，却在他们的人生观中根深蒂固，就好像“同一性”已经深深地刻画在我们的人生观里一样。要特别注意的一点是，西方人应该意识到，日本人的各种“世界”中，是不包括“恶的世界”的。并非说日本人不承认有罪恶的行为，而是他们并没有将人生视为善恶相争的舞台。他们认为人生只是一出戏，戏里的每一个不同的“世界”，每一种相异的行动方针，相互之间都必须仔细斟酌和保持平衡，它们本身都是善良的。换言之，他们相信，若是人人都能遵循其本性，就都会是善良的。正如前文所讲，他们把中国的道德箴言视为中国人劣根性的一种验证，并表示日本人不需要那种包罗万象的伦理戒律。用桑塞姆爵士的话来说，日本人“不愿意抓住恶的问题”。在他们看来，无须从宇宙高度去定义，也能恰当地说明坏行为。人的心灵最初都闪烁着道德的光芒，犹如新刀，倘若不勤于磨炼，就会生锈。这种心灵“自身的锈”，在他们看来同刀上的锈一样，不是什么好东西。因而，人要像磨刀那样，关注自我本性的磨砺。即使心灵生了锈，它也仍会在锈下发光发亮，只要加以研磨打造，就能重新焕发光彩。

因为日本人的人生观异于西方，所以日本的民间神话、小说或戏剧只有加以改写，以符合我们对性格以及善恶相争的要求，才能让西方人看明白。日本人对情节的关注点全是，主角陷入“情义与人情”“忠与孝’、“情义与义务”等各种世界之间的矛盾。主角之所以会失败，可能是因为过于重视“人情”而忽视了“情义”的义务，可能是因为忠孝无法两全，也可能是迫于“情义”而不能遵行正义，还要牺牲家庭。这些矛盾至今仍属于有约束力的两种义务之间的矛盾，尽管两者都是“善”的，但要“二选一”，就像债务者面对不计其数的债务，要选择先偿还哪一些，拖延哪一些，还清一笔债务的他，并不能因此免除其他债务，同样，选择了站在矛盾的一端，自然就无法避免另一端。

日本人和西方人对小说主角的看法是截然不同的。我们之所以认为这些小说里的主角都是好人，是因为他们都站在了善和正义的一面，并勇敢地与恶势力进行着斗争。我们说“有德者胜”，善理应有善报，结局理应圆满。日本人偏爱的主角形象总是拖欠社会恩情，不能悖于名分，矛盾无法调和，最终一死了之。这类小说在许多其他国家的文化中，传递出的信息是——人们屈从于残酷命运，然而在日本，却被视为启发主动精神和坚忍意志。主角肩负某种义务，为了完成它而忽视了其他义务，到最后又必须和那些被忽视的义务的“世界”进行清算，做出了断。

在日本历史上，真正意义上的民族叙事诗只有《四十七士物语》。尽管它在世界文学中的地位不高，却足以震撼每一个日本人的心。日本没有一个孩子不知道这个故事，并都能把其中细节记得一清二楚。它反复地被传播、翻印，甚至被拍成电影，在全日本广泛流传。四十七士的墓地也成为著名的圣地，长期都有成千上万的人前往凭吊致敬，墓地周围那一片白色的名片就是最好的证明。

《四十七士物语》主要讲述的是对主君的“情义”。在日本人眼中，它是“情义”与“忠”与“正义”以及“单纯情义”与无限“情义”间的冲突。那是1703年封建制度鼎盛时期下的日本，在近代日本人的想象中，那时的男儿都是大丈夫、真性情，对“情义”绝不含糊，四十七位勇士为了“情义”牺牲了名誉、家人、正义，等等，最终却因“情义”与“忠”无法兼顾，最后只能自杀殉“忠”。

当时，各地的大名都要定期去觐见幕府将军。幕府任命了浅野侯等两位地方大名主持仪式。由于他们都是来自地方，不熟悉幕府仪式，不得不向在幕府中枢任职、身份地位都很高的大名吉良侯请教。此时，浅野侯家里最具胆识的家臣大石刚好回乡去了，浅野侯身边没了出谋划策之人，他又不太懂得人情世故，未向吉良侯赠礼。而另一位地方大名的家臣通晓世故，在向吉良侯请教时重金相赠。于是吉良侯对浅野爱答不理，甚至故意让他穿了完全违反仪式要求的服装。举行仪式时，浅野侯按照吉良侯的指示穿戴完毕，却发现自己受到了侮辱，于是随即拔刀，砍伤了吉良侯的前额，后被在场众人拉开。如果从“对名分的情义”上来说，浅野侯因受辱而向吉良侯复仇，是没有争议的；但其在庄严的将军幕府中拔刀动武，则属不“忠”。浅野侯虽正当地履行了自我“对名分的情义”，却依旧要按规定“切腹”自尽，以此来示“忠”。他回到自己的宅邸，换上衣服，做好自尽的准备，只等那最具才智、也最忠诚的家臣大石回来，见上一面。相见之时，两人凝视良久，告别后，浅野侯端坐，以刀刺腹自尽。在他身亡后，没有家人愿意继承他的家业，只因他的不忠。他的封地也被没收，家臣也被遣散，变成了无主的浪人。

若单从“情义”的义务而言，浅野家的家臣是有义务随主君一同切腹的。主君自尽是为了维护其“名分的情义”，而他们从对主君的“情义”出发，理应相随，以此抗议吉良侯的侮辱。然而，大石暗自盘算后觉得，切腹不足以表达君臣情义，最好的情义，是完成主君未竟之志。主君因被他人拉开，未能将吉良侯杀掉，那么作为家臣，就应该杀死吉良侯，为主君复仇。这种做法，势必被认为是对幕府的不忠。吉良侯身为将军近臣，位高权重，幕府是绝不会准许浪人私自复仇的。按照惯例，策划报仇之人需要事先呈报复仇计划，定下一个行动日期，若在期限内未完成复仇，则必须放弃。虽然这项制度调和了若干“忠”与“情义”的矛盾，但大石心中明白，这对他和他的同伴而言，是行不通的。于是，他将被遣散的浅野家臣都召集到一起，但只字未提复仇计划。这些浪人加起来超过三百人。根据1940年日本学校的课本所写，这些浪人曾一致同意跟随主君切腹。不过大石清楚地知道，这些人并非都是有无限“情义”之人，也就是日语中所说的“讲情义及真诚”之人，因而在复仇这种大事上，不是所有人都可信。为了区分“单纯情义”之人，和兼有“信义和真诚”之人，大石问他们，应该怎样分配主君的财产。在日本，这是一种试探，倘若这些人的家属想从中获利，那么他们就不会同意自杀。浪人们在财产分配问题上产生了激烈的争执。家老是家臣中俸禄最高的人，以他为首的一派主张按照原俸禄高低进行分配，而大石一派主张平均分配。这样一来，浪人中那些只有“单纯情义”之人便被分辨出来，大石立刻对家老的分配方案表示赞同，并同意他们离开。家老离开了，还带走了“武士败类”“无情义之人”等恶名。剩下的四十七个人，是情义双坚的，可以一起进行报仇计划。他们和大石滴血为盟，发誓信义、爱情、义务及其他任何事物都无法阻碍他们的“情义”，那是他们的最高准则。

复仇计划的第一步是要麻痹吉良侯，令他放松警惕。他们各奔东西，全部佯装出失去追求名誉之心的样子。大石则“变得”常常沉溺于低级妓院，与人打架斗殴，大吵大闹，不甚体面，还借此放荡生活和妻子离婚。这些都是打算进行违法行动的日本人常用的、合理的方式，以确保妻儿不受牵连。大石的妻子含泪与他分开，他的儿子则成了浪人中的一员。

江户城中的人们都对他们的复仇行动议论纷纷。那些尊重浪人之人，都坚信他们会杀掉吉良侯。可四十七士仍旧对此矢口否认，继续佯装成“不懂情义”之人。他们被岳父们赶出家门，取消了婚约，因为这样的可耻行径让岳父深感愤慨。他们还被朋友们无情讽刺。一日，大石的密友撞见醉酒的大石与女人胡闹。面对密友，大石依旧否认了他对主君的“情义”，还说：“报仇？真是愚蠢至极。人生得意须尽欢，还有什么事比饮酒作乐更好。”密友无法相信大石已堕落至此，将大石的刀从刀鞘中抽出，如果刀刃依旧闪亮，便证明大石在说谎。可刀已锈迹斑斑，密友最终无奈地相信了大石的“真心话”，便在大街上对大石拳打脚踢，并朝他吐了唾沫。

一位浪人为了筹措复仇资金，竟把妻子卖去当妓女。他妻子的兄长是一位浪人，当得知妹妹已经知道了复仇的秘密时，竟打算用刀杀死妹妹以示忠诚，好让大石同意他参与复仇行动。另一位浪人杀死了自己的岳父。还有位浪人把妹妹送到吉良侯家当女仆兼侍妾，只为从内部通报消息，确定何时动手，里应外合。这项行动让他的妹妹不得不在复仇后自杀，以雪除自身污点，即使当初她伺候吉良侯时只是一种伪装。

12 月 24 日夜，大雪纷飞，吉良侯设宴，警卫的武士大醉。

浪人们趁机袭击了原本戒备森严、严防死守的吉良府，杀死警卫后径直冲进吉良侯的卧室。吉良侯不在，但被褥残留余温。浪人们知道他一定还藏于府内。终于，他们在存放木炭的小屋里发现了一个全身龟缩之人。一位浪人将长矛隔墙刺入，拔出来时未见矛尖有血。事实上，长矛已经刺中了吉良侯，但长矛在被拔出时，竟被吉良侯用衣袖拭去了血渍。这种小动作显然是无用功。浪人们把他从小屋里拽了出来。他谎称自己只是个家老，不是吉良侯。此时，一位浪人想起，浅野侯曾在殿堂上砍伤过吉良侯，应该会留下伤疤。据此，浪人们认定他就是吉良侯，并要求他就地切腹自尽。吉良侯拒绝了——这证明他怕死。于是，浪人们用主君浅野侯自尽时的刀，将吉良侯的首级砍下，按例将其洗净，完成了复仇。事后，他们带着两度染血的刀和吉良侯的首级，列队向浅野侯的墓地走去。

浪人们的行动令整个江户城为之一震。那些曾怀疑过浪人们的家属、岳父和朋友们，都迫不及待地前来与浪人们拥抱致敬。浪人们沿途受到大藩诸侯们的热情款待，终于在墓前，供上了吉良侯首级和浅野的刀，并诵读了奉告亡君的祷文。这篇祷文保存至今，大意是：

“四十七士谨拜于主君灵前……主君复仇事业未竟之前，实无颜为主君扫墓。心神焦虑，一日三秋……今将吉良首级供上。此短刀乃主君去岁所珍用，嘱吾等保管者。愿主君执此刀再击怨敌首级，永雪遗恨。谨祷”。

他们不负“情义”,但未尽“忠”之义务。唯有一死方能两全。他们违反了国法，没有预先呈报就私自复了仇。此后，幕府令四十七士切腹自尽。“忠”之要求，他们都必须遵循——他们没有背叛“忠”。在日本小学五年级的课本里如此写道：

“他们为主君复仇，情义金坚，应为世人典范，永垂不朽……于是，幕府思量再三，命其切腹，实乃两全之策。”

换言之，浪人们用生命为“情义”和“义务”做出了最高的回报。

在日本,这首国民叙事诗有很多版本,文字与情节略有差异。但在现代电影中，故事最初的贿赂情节被改为情色诱惑。吉良侯追求浅野之妻，对其心怀不轨，然后故意让浅野侯犯错，并遭受侮辱。电影将贿赂情节抹掉，将所有与“情义”相关的义务描绘得更加深刻——“为情义，他们抛妻，弃子，弑父。”

“义务”和“情义”二者的冲突，也是很多日本故事和电影题材的基础。其中最为经典的一部历史电影，其素材来自德川幕府第三代将军时期。德川幕府第三代将军继位之时，年纪轻轻且资历尚浅。当时，幕臣们对将军的继位人选各有说辞，主要分为两派。最终挫败的一派，主张的人选是一位与将军年纪相仿的近亲。这一派中的一位大名，始终对失败之“辱”耿耿于怀，即便第三代将军在后来才干过人，很有政治头脑。这位大名一直在寻找机会谋杀第三代将军。一天，他得知将军要准备巡视几个藩国，而自己要负责接待。他打算利用此次机会，了结宿怨，实现其“对名分的情义”。事前，大名费尽心机地将自己的宅邸改成了堡垒，封堵了一切出入口，并对堡垒进行层层把守。他的计划是，想办法让墙倒屋塌，把将军和他的随从们压死。阴谋在冠冕堂皇的伪装下展开了。大名为接待将军所设的宴席极其丰盛。他还命一位家臣表演舞剑为将军助兴，当然，他早已暗中指示家臣，在剑舞最高潮时进行刺杀行动。若是依“信义”而言，家臣不得不从。然而，刺杀将军又违背了“忠”的原则。因而我们在银幕上看到的画面是，武士舞剑的姿势将其内心的矛盾充分展示了出来：必须下手又不能下手；即将行刺又不能行刺。尽管有“情义”，但毕竟“忠”的力量更强大。舞姿渐渐凌乱，将军一行人心生疑虑，立即起身离开座位。与此同时，大名再次铤而走险，下令毁坏房屋。刚刚躲过剑舞之劫的将军，又面临墙倒屋塌之难。千钧一发之际，刚刚舞剑之人冲上前来，带领将军一行人从地道脱险。“忠”最后还是战胜了“情义”。将军的亲信向舞剑之人致谢，并一再劝说他到江户去接受荣誉。而那位武士却望着即将倒塌的房屋回绝道：“留在这儿是我的义务，我的信义，我要遵从它。”他与将军一行告别后，跳进了废墟，死去。“他用生命换来忠与情义的两全，使两者趋于一致”。

其实古代日本的许多故事，并没有把“义务”与“情义”的冲突作为核心，直到近代，它才成为创作的主要题材。近代小说里所描写的主角，大都为了“义务”和“情义”，被迫抛弃爱情和人情——这类题材未见削减，相反，一直被大肆渲染着。如同日本的战争片会被西方人认为是反战宣传片一样，日本小说总是让我们觉得，它似乎是在追求某种可以按照自我意志去生活的自由状态。其实，日本小说也确实是在证明这一点，至少他们存在这样的冲动。不过日本人评价一本小说，或一部电影的情节时，所依标准和我们是不同的。我们对故事主角给予同情，往往是因为他拥有爱情，或某种个人理想，而日本人却批评这样的人，认为他们是弱者，太重感情而未能履行自身应尽的“义务”或“情义”。大多数西方人的态度是，反对保守，认为披荆斩棘争取幸福是强者所为。日本人的观点则是，强者，必须要能为了履行义务而抛弃个人幸福。在他们眼中，性格坚强的表现不是反抗，而是和谐。因此，西方人在看过日本小说和电影后，所理解的意义与日本人大相径庭。

除了对电影和小说的评价，日本人在评价自己或朋友的生活时，所采用的标准是一样的。在他们看来，当个人欲望与义务准则相悖时，如果沉迷于个人欲望，就是弱者的表现。不仅如此，对于其他任何事情，他们都是如此判断的。其中，与西方的伦理观念最为对立的，是日本生活中丈夫对妻子的态度。在“孝的世界”中，父母是核心，妻子身处这个世界的边缘。因此，丈夫的义务显而易见。道德高尚之人必须遵“孝”，例如，如果母亲要求他同妻子离婚，就算他本身很爱妻子，或两人已有子女，他也必须离婚，以此让自己变得“更坚强”。正如日本人所说:“有时候，孝道会要求人们把妻子视为陌路人。”此种情况下，丈夫对妻子最多不过是不“仁”，而最糟糕的是，妻子还不能提出任何要求。不论婚姻生活幸福与否，在义务的世界中，妻子始终无法处于中心位置。因此，一个男人不管如何深爱着妻子，也不能将夫妻关系提升至等同于双亲，或祖国的地位。在 20 世纪 30 年代，一位著名的自由主义者曾公开表示，自己很高兴回到日本，原因之一是能与妻子重逢。为此，他受到了世人的批评。人们认为，他高兴的原因应该是能见到父母，或看到富士山以及能够为祖国效力，甚至为国献身。显然，妻子被排斥在这类范畴之外。

近代以来，日本人逐渐意识到，过分强调道德准则的不同层次和不同范畴，是有问题的，他们对此也甚为不满。日本教育大多时候都致力于把“忠”树立为最高道德准则。这就如同，日本的政治家们置天皇于最高位，以排除一切将军及封建诸侯，从而简化日本等级制。在道德范围内，他们试图将较低层次的道德行为全纳入到“忠”的范畴之内，力求义务体系的简化。他们不单单是希望通过这种方式，让全国上下“崇拜天皇”，而且还想要改变日本道德领域目前这种多层次的分散状态。他们竭力教导民众，只要实现了“忠”之义务，就相当于完成了其他一切世界的义务。他们要把“忠”打造成道德领域的核心，而不再只是其中一个世界。

关于这种减少道德分层的设想，最权威的宣言是明治天皇在1882年（明治十五年）颁布的《军人敕谕》。这份敕谕，以及《教育敕语》，是日本真正的圣典。在日本，没有哪个宗教是有自己的圣典的，包括神道。日本佛教的各个派别，有的是口述教义，有的念诵“南无阿弥陀佛”，以此代替圣典。明治天皇所颁布的敕谕和敕言，称得上是真正的圣典。在宣读敕谕和敕言的时候，场面神圣庄严，闻者全都毕恭毕敬，鸦雀无声。世人对敕谕和敕言的尊敬程度，犹如对摩西十诫和旧约五的尊敬书，每每奉读，都是从安放之处满怀敬意地取出来，待到听众散去后，又恭敬地送回原处。在日本，负责奉读圣典之人，哪怕只错念了一字一句，都会引咎自杀。《军人敕谕》是赐给现役军人的。军人们必须熟背于心，于日日清晨默诵十分钟。在一些重要的祭祀日、新兵入伍日、复员日或其他类似场合中，这份敕谕都会被隆重宣读。在中学和青年学校里，学生们也都要学习《军人敕谕》。

《军人敕谕》其实是一份文件，长达数页，纲要明晰，文字严谨。不过西方人读起来会很费劲，因为其中有些地方看起来是互相矛盾的。善与德，被定义为真正的目标，并以西方人也能理解的方式做出了说明。《军人敕谕》同时告诫民众，对古时那些死得并不光彩的英雄，要引以为鉴，因为他们都是违背社会公理，寻求一己私情的人（日本官方的英文译文是 Losing sight of the true path of publicduty. They kept faith in private relations）。敕谕还特别强调，对于这一类事情，要深刻反省，引以为戒。

要了解引以为戒的真实含义，就要先明白，日本人的义务是有其各自范畴的。整个敕谕都在表明，官方在刻意尽力贬低“情义”，而抬高“忠”的地位。在整篇敕谕中，“情义”一词从未出现过,但“大节”和“小节”之分却被屡屡强调。所谓“大节”，指的是“忠”；所谓“小节”，指的是“私人情义”。敕谕极力地向公众证明着，“大节”，也就是“忠”，足以成为一切道德的标准，而所谓的“义”，就是履行义务。能做到尽“忠”的军人，必定会做到真正的勇武。日本人认为，真正的勇武，是在日常生活中，为人处世必以温和为先，意在赢得他人敬重。敕谕还暗示民众：只要遵从了这些教导，就完全不用再求助于“情义”。“义务”以外的诺言，全可视为是“小节”，一定要经过慎重的考虑,再予以承担。敕谕教导人们“忠”高于“情义”，且通篇未提“情义”一词，尽管如此，日本人都心领神会了。借由天皇之权威，敕谕告诫民众，在此种情况下，就应该抛开“情义”，并应深知:情义只不过是小节，只要遵循敕谕的教导，抛弃“情义”去维护“大节”，维护“忠”，就仍然是个有道德的人。

这部圣典是在歌颂“忠”的地位，也是日本的基本文件之一。不过我们还是很难判断，敕谕对“情义”地位的委婉贬低，是否真的会削弱“情义”对人们的深刻影响。日本人时常引用敕谕里的文字来为自己和他人的某些行为做解释，或进行辩护。

譬如“义者，履行义务之谓也”“心诚则万事皆成”之类。尽管每次引用都显得很恰当，但似乎鲜有人会引用敕谕中，关于反对“重私情之信义”的敕言。时至今日，“情义”在道德领域中仍具有权威性。在日本，说一个人不懂情义，仍然是最严厉的批评之一。

想要依靠引入“大节”的概念来轻松简化伦理体系，这显然不太现实。就好像日本人常常自夸，说他们目前并没有哪种现成的道德，既普遍适用的，又可以作为善行的检验标准。大部分的文化信仰中，人的自尊与其道德水准是相对应的，如善良、勤劳、节俭以及事业上的成就，这些都是自尊的标准。日本人始终把某些目的看作其所追逐的人生目标，如赢得幸福、获取控制他人的力量，或争取自由、提高社会活动能力，等等。日本人遵循的准则总是很特别，不论是在封建时期的规则，还是在近代的《军人敕谕》，就算是所推崇的“大节”，也都是意味着，等级制上层者的义务必须要压倒等级制下层者的义务。他们自始至终都属于特殊主义者。西方人通常认为“大节”是对忠诚的忠诚，而非对特定个人或特定目标的忠诚。日本人则非如此。

近代日本在尝试建立某种可以统治全部道德领域的标准时，常常选择“诚”这一点。大隈伯爵在阐述日本伦理时说“诚（まこと），是所有箴言中最重要的。所有的道德伦理之基础都集中于‘诚’字之中。在古言之中，除了‘诚’字以外，其他词汇均无法表达出这样的伦理概念”。在本世界初，日本的近代小说家们也曾颂扬过西方的个人主义新思潮，但如今也对西方的信条心生不满，转而竭力赞美“诚”，认为它是唯一的真正的“主义”。

在道德伦理方面，日本人很强调“诚”的重要程度，这一点也被《军人敕谕》所支持。敕谕里有一段前言可谓是历史性的，相当于美国文件中列举出华盛顿、杰斐逊等“国父”之名的序言，其核心思想是向民众阐释“恩”和“忠”——我将你们视为股肱之臣，而你们视我为领袖，我能不能保家卫国，以报答上天和先祖恩赐，还要看你们是否能尽忠职守。

《军人敕谕》的正文阐述了五条训诫。（一）履行“忠”的义务是最高的德行。身为军人，若不能尽“忠”，就算才能出众，也不过是个傀儡。不“忠”之军，在紧急情况下只会是乌合之众。因而军人不应为坊间议论所迷惑，也不应干预政事，而要恪守忠节，深知义之重大，死之微小。（二）按照军阶，遵守相应的礼仪。下级应遵从上级命令，视命令为朕意，上级也务必要善待下级。（三）武勇。真正的武勇不是“血性”，而是不欺辱弱小之敌，不畏惧强大之敌，真正的勇武之人，在日常生活中，为人处世必以温和为先，意在赢得他人敬重。（四）不可重私情之信义。（五）节俭。不以质朴为目标的人，必然会越来越脆弱，越来越放荡，在骄奢淫欲中堕落，变得卑鄙，自私自利，就算尚有些节操和武勇，也很难不被人们鄙弃。

在敕谕的最后一段里，五条训诫被描述为天地之间的公道，人世之中的常理，更是日本军人应该具备的精神。“诚”，是这五条训诫的核心。“如果没有诚心，就算言行举止显得很好，其实质也都是虚伪的。只有诚心，才能成事。”敕谕将一切德行和义务都归结于“诚”之中，这很具日本特色。中国人则不同，他们认为道德根源都是仁爱之心。而日本人则是，先确立义务准则，再要求人们为履行义务而倾注全部心力。

“诚”在佛教的主要教派——禅宗的教义中，也有相同的意义。铃木大拙在其禅宗著作里，曾描述过一段禅宗师徒的对话：

“僧问：‘我看见凶猛的狮子在捕食猎物时，不论捕到的是兔子还是大象，它都竭尽全力，请问这是种什么样的力量啊？’

“师答：‘这是至诚之力。至诚，即不欺，也就是‘献出一切’。在禅语里称为‘全体作用’，意思是毫无保留，毫不掩饰。这样生活的人，就像那金毛狮一样刚毅勇敢，至诚至纯，已入神界。”

日文中的“诚”写作“まこと”，意义与英语“sincerity”并不相同，其内涵既广泛，又狭隘。日本的“诚”给西方人的第一印象，往往是其含义的外延比西方人的词汇小很多。这种第一印象在一定程度上是正确的。日本人说某人没有诚意，指的是某人与自己意见不一致，仅此而已。而当他们说某人“诚实”时，并非一定是在说，某人真诚地依照自身好恶、自我判断或质疑而采取行动。在表达赞许时，美国人常说“He was sincerely glad to see me（他很高兴见到我）”，或“He was sincerely pleased（他由衷地感到满意）”，而日本人从不这么说，他们有自己的习惯，并不赞成如此表达“坦诚(sincerity)”。他们经常说，“青蛙的口一开，肚子里有什么就都亮出来了”，或者“石榴的口一开，就清楚它心里有什么了”，诸如此类充满嘲讽之意的话语。在日本人看来，“暴露感情”等同于羞耻，因为这会间接地“暴露”自己。美国人十分重视与“诚(sincerity)”有关的全部含义，然而日本人则认为它们一文不值。我们在前文曾提及一位想去美国的日本少年，批评美国传教士“insincerity”时，他一定没考虑过，那位传教士对他这个穷孩子要到美国去的计划感到惊愕，这一点是否是“真”的。近十年来，日本政治家们一直在批评美英两国缺少真诚，同样，他们也定然没有考虑过，西方各国是否真的是在按照自身的真实感受而采取行动。他们没有批评美英两国很伪善，在他们看来，伪善只是轻微的责难而已。另外，虽然《军人敕谕》认为“诚”是其他各项训诫的精要，但其含义也并非是说，一切其他德行的实践，全是言行一致，发自内心的。无疑，它并未教导人们一定要保持真实，不论自身信念与他人信念是否相同。

不过，“诚”在日本文化中，也保留了原本的积极含义，而且其伦理作用被日本人高度重视，所以西方人有必要深入了解，日本人使用“诚”时所表达的含义。《四十七士物语》充分地表现了“诚”的基本含义，在这个故事里，“诚”被附加在“情义”之上，且“真诚的情义”与“单纯的情义”被区分开来，“真诚的情义”是“足资永恒垂范的情义”。时至今日，日本人仍然会说：“是‘诚’让它得以保持下去”。据意，“它”指的是日本道德体系中的全部戒律，或“日本精神”所要求的一切态度。

战争期间，日本人在隔离收容所中，对“诚”的用法和《四十七士物语》中一致，并清晰地阐释了，“诚”的逻辑可以延伸到何种程度以及其含义与美国的“诚”如何相反。亲日的“老一辈”（生在日本，移居美国的日本人）通常都批评亲美的“新生代”（生于美国的本裔）缺乏“诚”，意思是，“新生代”无法保持“日本精神”（日本在战时曾公开为“日本精神”做出定义）。“老一辈”的指责并非是在说“新生代”的亲美态度有多伪善，正好相反，在“新时代”自愿加入美国军队，热切地支持第二祖国时，“老一辈”更加义正词严地指责“新生代”实在是不“诚”。

日本人的“诚”，其基本含义是指，热诚地遵循日本道德观和“日本精神”所给予的人生指引。无论在特定词句中，“诚”拥有多少不同的含义，通常都会被理解为，是在间接颂扬人们公认的“日本精神”，或为人们做出人生指引的日本道德观。我们发现，日本之“诚”与美国之“诚”天差地远，因此所有日本文献中的“诚”都值得我们关注。它是个极其有用的词，几乎等同于日本人实际强调的各种正面的道德行为。“诚”常被用作赞扬大公无私之人，这充分反映出，日本人厌恶谋利的伦理观念。除了等级制中，自然产生的利润，其余的利，都被断定为剥削。从等级制中牟利的中介人后来成了令人嫌恶的高利贷者，因而被指责为“不诚实”的人。“诚”也时常被用来颂扬“不感情用事”，这也是日本人自我修行观念的表现之一。一个“诚实”的日本人，绝不会让自己陷入“伤害不会寻衅滋事之人”的风险之中——它所反映的信条是，不仅要对行为本身负责，还要对行为后果负责。此外，只有“诚实”的人才有可能领导别人，并有效地运用各种手段，且不会被心理冲突纠缠。“诚”的这三点含义及其他诸多含义，都是在表达日本人伦理的同质性。同时也反映出，在日本，只能通过实践规定的准则来获得实效，并避免陷入冲突。

日本之“诚”，意义繁多，由此可见，尽管敕谕对“诚”如此推崇，但确实很难实现简化日本道德体系的目的。它既不是日本伦理的“基础”，也没有被赋予某种“精神”。这就像是数学中的指数，只是扩大了本身数字的倍数而已。例如 A 的二次方可以是 9 的二次方，也可以是 B 或 X 或 Y 的二次方。“诚”也如此，它能够提升日本道德观中的任何一个范畴的高度，但却无法成为独立的道德，日本人对它的推崇，更像是信徒对其教义的狂热情感。

不论日本人做出何种改进，其道德体系仍处于多层次分散的状态。道德的原则依旧是两个步骤之间的相互平衡，而每个行动本身都是善的。他们的伦理体系宛如桥牌。优秀的选手会遵守规则，并在规则允许的情况下争取胜利。和拙劣的选手不同的是，优秀的选手懂得利用自身经验，根据规则推断出其他选手的出牌意图，进而从容应对。照我们的理解，这是在按霍伊尔规则进行比赛。每出一张牌都要考虑到接下来的各种可能性，比赛规则意味着，允许一切偶然情况的出现，记分规则也是被预先拟定好的。美国人所说的心存善念，在这种情况下变得无足轻重。

不论在何种文化中，人们用以表达“自尊”的言辞，都会反映出自身的人生观，并被他人洞察。日本人说“尊重自己”时，通常是在说自己是个十分谨慎的人；而在英文中，说的是遵循处世准则，不谄媚、不撒谎、不伪善之类。日本人的“自重”是指“自我慎重”，意思是“遇到任何情况，都应当考虑周全，绝不因此招致嘲讽，或降低成功概率”。他们“尊重自己”所指的行为，和美国的意思时常相反。在日本，被雇佣者如果说“我必须自重”，并非是说要坚持自我权利，而是说，身为被雇佣者绝不能对雇主话不择言，避免自身陷入难堪。“你应该自重”这句话，作为政治用语时，也是同样的意思：“身负重任之人”为人处事必须谨言慎行，不能纵谈“危险思想”。当然，在美国的“自重”原则中，并不赞成坚持危险的想法或举动。

“你应该自重”，常是父母对其子女的训诫，意在督促他们懂礼貌，不辜负他人所期。例如，女孩要坐姿端正，双腿位置要摆正，不能乱动。男孩要加强锻炼，并学会察言观色。如果一个父亲对他的孩子说：“你的行为不像一个自重之人”，那便是在责备孩子，认为其行为不够庄重，而并非认为他缺乏勇气，或固执己见。

无力还债的农民会对债主说："我应该自重。"这并非是在自责，责备自己懒惰或在债主面前太没骨气，而是认为自己本该对应急之需考虑得更周全些。如果一个有社会地位的人说："我的自尊心要求我这样做。"那并不代表他就要秉公处理，或廉洁奉公之类，而是指，他在处理所有事务时，都定然会考虑周全，比如门第等因素，以权衡出自身分量。

实业家谈及公司事务时，如果说："我们必须自重"，意是我们必须谨慎万分。打算复仇之人，如果说："自重地复仇"，并非是指"把炭火堆在仇敌头上"，也不是指打算遵守某个所谓的道德原则，而是指，复仇必须要有周密计划，换言之，就是"一定要完全地彻底地复仇"。日语中所说的"自重再自重"，语气最为强烈，其意为要无比的小心谨慎，不可轻言定论。同时还意味着，必须要权衡各种方式的利与弊，不轻不重，恰到好处地达到目的。

前文所述的"自重"含义，都与日本人的人生观相符合，也就是说，他们认为人生应该按照"霍伊尔"规则小心行事。正因如此，他们绝不允许有人以"用心良苦"类的理由，来为失败辩解。在行动时，每一次举手投足都会产生某种后果，因而在采取行动时，一定要将这些后果考虑到。譬如，向他人施恩自然是好的，但施恩者必须要考虑到受恩人会不会感到自己"背上了恩情债"，对此务必要谨慎。批评人也是被允许的，但也必须对因此而产生的怨恨做好承担一切的心理准备。我们之前谈到的那位年轻画家的故事，被他指责的美国传教士虽然没有恶意，但也无济于事。他在嘲讽他人时，没有考虑到他所做的这一切可能带来的后果，这在日本人看来，就是他自身修行不足。

日本人将谨慎与自重画上等号，这说明他们会从他人行动中洞察获得信息，并强烈地认为自己在被人评论。他们说："一个人必须自重，因为有社会""没有社会，就无须自重"，等等。这些说法很极端，但恰恰表明了，他们的自重受外部因素的强制作用，却丝毫不受限于行为的内省机制。可能这么说有些夸张，因为某些时候，日本人也会像清教徒一样，对自身的深重罪孽做出十分强烈的反应。无论如何，我们从那些极端的说法中都能了解到，是什么受到了日本的看重——与其说他们看重"罪"，不如说他们更看重"耻"。

在研究各种人类文化时，需要将以耻为基调的文化和以罪为基调的文化区分开来，这十分重要。倡导建立道德的绝对标准，并依靠绝对标准去发展人心，这样的社会可定义为"罪感文化"社会。生活在这种社会中的人，如果犯了非犯罪程度的错误，他们也会深感内疚，并产生羞耻感，甚至，衣着的不得体，或言辞的微小错误，都会令他们懊恼。而在以耻为基调，也就是耻感文化中，人们仅仅只对那些美国人看来应属犯罪范畴的行为感到懊恼。当然，这种懊恼可能会异常强烈，强烈到无法像罪恶感那样，以忏悔、赎罪的方式得到心灵解脱。在罪感文化中，犯罪之人可以选择坦白罪行，从而减轻心理负担。无疑，坦白可以使人得到解脱，它是运用于社会心理学的疗法之一，也被部分宗教组织所采用。尽管二者在其他方面鲜有共同之处，但在耻感文化中，犯错之人即使公开认错道歉以及自我忏悔，内心也得不到解脱。事实上，在他们看来，只要那些错误行为未被暴露，就不必感到懊恼，不论是坦白，还是忏悔，都只会徒增烦恼。因而我们说，在耻感文化中，是没有坦白和忏悔的习惯的，尽管他们有祈求幸福的仪式，没有祈求赎罪的仪式。

在真正的耻感文化中，善行需要依靠外部因素强制履行；在真正的罪感文化中，善行需要依靠罪恶感在内心的反应来履行。羞耻，是人们在被批评时的反应之一。某人深感羞耻，是因为被公开嘲讽，或受到排斥，抑或自认为被嘲弄，不论是哪一种情况，羞耻感都是强制性的外在因素。但羞耻感的产生，要求有外人在场，至少是个人要感觉到有外人在场才行。罪恶感则完全不同。某些民族认为，名誉是指遵从内心理想的自我而生活，因此，即便自己的恶行未被人发觉，人们也会心生罪恶感，但这种罪恶感是可以通过坦白和忏悔得以解脱的。

早期移民美国的清教徒，曾试图把罪恶感打造为一切道德的基础。在美国，羞耻感的分量正在逐渐加重，而罪恶感却不如以前敏锐。这样的情况被美国人称为“道德的松弛”。这样定义虽然也有其道理，但更重要的是，我们实际上并不指望，羞耻感能够承担起道德重任。自然，我们也不会把随耻辱感而出现的强烈懊恼情绪，归入我们的基本道德体系之中。

而日本人则将羞耻感纳入了其道德体系之中。不遵守明文规定的善行标准，无法平衡各种义务之间的关系，或没能遇见到偶然失误，这些在他们看来都是耻辱。他们说，知耻是道德的根本。倘若对耻辱具有敏感性，就能实践善行的全部准则。日文中的“知耻之人”有时候会被译为“有德之人（Virtuous man)”，或者“重名誉之人（Man of honour)”。羞耻感在日本伦理中的权威性，相当于西方伦理中的“纯洁之心”“信仰上帝”以及“避免罪恶”。按照这种逻辑所得出的结论是，人在死后便不会受惩。前世今生，因果报应的轮回观念对日本人来说十分陌生，当然，除了那些熟读佛学经典的僧侣们之外。同样，除了皈依基督教的少数日本人外，死后报应以及天堂地狱的说法，在日本也不被接受。

同一切看重耻辱的部落或民族一样，羞耻感在日本人的生活中尤为重要，其意义在于，人人都会十分注意社会对自我行为的评价。人们只需推测出他人的判断，并以此为前提调整行动即可。人人都在遵循同一规则玩着游戏，并互相帮助，这是日本人很乐意，并会愉快参与的，尤其是当他们认为自己正在履行日本的“使命”时，其参与的兴致会更加狂热。不过，当他们试图将这种道德标准向外传播时，在并不流行此类善行标准的国度，这样的道德标准很容易遭到抨击。他们“大东亚共荣”的“善行”使命彻底失败了。对于中国人和菲律宾人所表现出来的态度，很多日本人深感愤慨。

那些仅仅是为了求学或经商而来到美国的日本人，曾试图在美国这个道德规范不甚严苛的社会中生活，时常痛心于过去所接受的，周密却“失败”的教育。他们深深感到，日本的道德体系是无法顺利输出国门的，他们所表达的意义，远比通常我们所说的“对任何人而言，改变其文化都相当困难”，要深刻得多。日本人想要适应美国式生活的难度，比起中国人、泰国人的适应难度要大得多。在他们的观念里，日本人问题的特殊性在于，他们只懂得通过按规矩行事来获得他人认可，并且他们的安全感是在此种环境中成长的。当他们看到外国人对其礼节毫不在意时，他们便不知所措。他们通过各种办法去寻求西方生活与日本生活中礼节的相似之处，不论有多么细微，在寻求不到时，有的日本人会感到十分愤慨，有的则感到十分愕然。

对于在道德规范严苛的文化中的感受与体验，三岛女士在其自传《我的狭岛祖国》中做出了最为出色的描述。三岛女士一直渴望留学美国，她努力说服了保守的家庭，抛开“不愿受恩”的观念，接受了美国的奖学金，进入了卫斯理学院学习。她说，老师和同学们对自己都很是亲近友好，这却让她深感不安。“日本人的共性是，以操行品质完美无缺而引以为傲，可是现在，我的骄傲备受伤害。这让我不知接下来该如何是好，周遭环境也像是在嘲讽我从前所接受的教育。为此我感到懊恼，而除却这种模糊但深刻的懊恼之外，别无其他感受。”她觉得自己“就像是一个来自其他行星的生物，原本所拥有的一切感觉和情绪，在这里都派不上用场。多年的日式教养要求我一举一动都应文静，一字一句都应礼貌文明，但正是这些要求，令我在当下环境中，变得极为敏感和警觉，以至于在整个人际交往中茫然无措。”她用了两三年时间才消除了自己的紧张感，慢慢学会接受他人的好意。她认为，美国人生活在一种“优美的亲密感”之中，而这种亲密感，在自己三岁时就被教导为不礼貌的行为，被扼杀了。

三岛女士比较了于美国结识的日本女孩和中国女孩之后，评论说，美国生活施与两国姑娘的影响有显著的差异。中国姑娘所“具有的沉着风度和社交能力，是大多数日本姑娘所不具备的。这些上流社会的中国姑娘，人人都拥有皇室般的仪表仪态，就好像是这社会的真正主人。我甚至觉得，她们才是这世上最温文尔雅的人。她们所展现出来的沉着冷静，和日本姑娘的怯懦拘谨形成了鲜明的对比，这显示出不同社会背景之间的根本差异。”

与很多日本人一样，三岛女士感觉自己像是网球名将参加了槌球游戏，空有一身出色技艺，却都派不上用场。过去所学的事物，无法融入新环境。她曾经受过的那些严格的训练，对美国人而言根本用不着。

一旦日本人适应并接受了美国简明的行为规范，哪怕只是一点点，恐怕也无法再重新适应规矩严苛的日本生活了。曾经的生活有时会被他们视为失去的乐园，或是“桎梏”“牢笼”，或者盆栽小树。当小松树的根被植入花盆后，便成为一件艺术品，为原本就很精致的庭园又增添了些许雅趣；然而一旦被移植到地面，便再也无法成为盆栽了。他们深感再无法为日本做出奉献，也无法适应曾经的要求了。他们最深刻地体会了日本的道德困境。

第十一章 自我修行

外国观察者很难说得上来，一种文化的自我修行究竟有何意义。修行的方式本身是显而易见的，但又为何要给自己增添麻烦？为何要把自己吊在钩子上？为何要把全部精气集中在丹田？为何让自己受苦甚至不花一分钱？为何只苦修一种行为，而丝毫不对他人认为重要的、理应修炼的某些冲动加以克制？那些未学过修行之道的观察者们，在来到崇尚修行之道的国家后，很容易对其做出错误的解释。

美国的自我修行的传统和方法并不发达。在美国人看来，当人们在生活中找到了可以实现的目标后，会在必要的情况下，锻炼自我以求达到那个目标。而是否进行自我锻炼，取决于本人的理想、良心，或是维伯伦所说的“职业本能（an lnstinct of workmanship)”。譬如，有人会为了能成为一名足球运动员，心甘情愿地接受严格的训练并遵守纪律；有人为了成为一名音乐家，或在事业上取得成就，会放弃一切娱乐活动。理想、良心，或“职业本能”，使人们与邪恶和轻率绝交。

但在美国，自我修行不像算术那样，可以将特定事例抛开，不做任何考虑，仅仅作为技术训练来学习。在美国教习修行的人，都是欧洲某些教派的领袖，或传授印度修炼方法的印度教牧师（swamis）。在美国，就连基督教的圣特丽萨（Saint Theresa）或圣胡安（Saint John）传授的默想和祈祷式，也几乎看不到了。

日本人却认为，下至参加中考的少年、参加剑术比赛的选手，上到上层贵族，都必须在学习特定知识技能内容之外，研习自我修行这门课程。不管考试成绩好坏，剑术技巧高低，或是仪态得体与否，都必须将书籍、竹刀和社交活动放下，进行特殊的自我修炼。虽然并非所有日本人都要接受这种神秘修炼，但即使是那些不用修炼之人也会承认，自我修行的术语和实践，在生活中拥有一席之地。无论身处哪个阶层的日本人，都会用公认的有关自我克制的概念，对自我和他人做出判断。

日本的自我修行的概念，大致可划分为两个层级，第一层级是培养能力，第二层级是在培养能力的基础上，增加更高的要求。在这里我将第二层级的自我修行改称为“圆熟”。这两个层级的修行是有区别的，会产生不同的心理效果，有不同的根据，并以不同的外部标志来进行区分和识别。对于培养能力的自我修行，前文所述不少。比如，日本士兵日常演习长达 60 小时，而只有 10 分钟的小憩时间，对此，陆军军官说：“他们知道怎么睡觉，现在需要锻炼的是不睡觉。”这种要求在我们看来太过极端，只是为了培养某种行为能力而已。这是日本公认的精神驾驭术：意志可以驾驭肉体，并使它能够承受住近乎一切训练，至于是否会影响健康或伤害身体，日本人压根不会考虑。日本的“人情世界”体系便建立此种观念之上：肉体必须屈从于人生大事，不论健康状况如何，不论身体本身是否能承受，不论曾经是否接受过相关训练。总而言之，一个人应当为了发扬日本精神，而付出一切代价进行自我修行。

然而，这样来表述日本人的观点，似乎太过武断了。因为在美国的日常生活中，人们常说的“不惜任何代价自我修行（at the price of whateverself-discipine）”通常是指“不惜任何代价自我牺牲（at the price of whatever self-sacrifice)”，还含有“不惜任何代价自我克制”的意思。在训练方面，美国人的理念是，无论男女，都要从小开始进行社会化训练，无论是为外部所强加，还有由内部意识形态所指引，不论受训练者是主动接受，还是为权威所迫，这样的训练都必须进行。训练定会产生压力，受训练者自然地会对自我愿望被限制而感到不满。受训练者被要求必须做出某种牺牲，因而反抗情绪会被激发出来。这种观点被很多美国心理学家支持，同时成了美国父母们教育后代的哲学。因此，对美国社会而言，心理学家的专业解析确实饱含众多真理。例如，孩子们在每天的某个时间“必须睡觉”，他们从父母的态度中得出结论，认为睡觉是一种自我压抑。很多孩子每天晚上都要吵闹一番，以表达心中不满。就算已接受过睡觉的训练，明白人到了某个时候就“必须”睡觉，但他们仍会进行一番抗争。母亲还会规定孩子们“必须”吃的食物，比如燕麦粥、菠菜和面包之类的，但孩子们则会对这些必须吃的食物表示反对，认为凡是被定义为“对身体好”的食物一定不会好吃。这种情况在日本以及希腊等某些欧洲国家，均不存在。因而对美国孩子而言，长大成人就意味着摆脱了食物等方面带来的压力，他们认为作为成年人，就可以随心所欲地吃东西，而不必在乎会对健康有何影响。

然而，这些关于睡眠和食物的训练，只是西方的自我牺牲概念中，极为微小的部分。西方的标准信念还认为，父母应为孩子们做出牺牲，妻子应为丈夫牺牲事业，丈夫应为维持生计牺牲个人自由。美国人实在无法想象，世界上还存在着可以无须自我牺牲的社会。在无须自我牺牲的社会中，父母对孩子的疼爱是与生俱来的，女性们更偏爱婚姻生活，而肩负家庭重担之人所从事的工作也是自己喜爱的。谁能说这一切都属于自我牺牲呢？这样的社会强调这样的解释，人们也愿意按照这样的解释生活，而不会有谁会承认“自我牺牲”这一概念。

凡是美国人眼中的为他人做出“牺牲”的事，在他国文化中都被视为等值交换。这些事可能被视为投资，以期未来会有回报；也可能被视为对所受之恩的等值偿还。在这类文化中，父子关系也莫不如此。父亲抚养年幼的儿子，儿子应赡养年迈的父亲，不论生前生后，都要有所回报。各种事务的关联方式都可以被看作为一种民间契约，通常会保证双方对等，即一方承担庇护义务，另一方则承担服务义务。只要利于双方，那么就不会有谁会把自己所承担的义务视为“牺牲”。

在日本人的观念里，为人服务也被要求要保证其相互性和等量化，同时也被要求，双方应在等级关系的基础上，承担相辅相成的责任。这类自我牺牲，在日本社会的道德地位与在美国的地位有着天壤之别。日本人十分反对基督教传教士对“自我牺牲”的说教，并极力主张，一个真正有道德之人，不应把为人服务视为自我压抑。一位日本人曾这样告诉我:“我们所做的某些事,在你们可称其为‘自我牺牲’,而我们却是心甘情愿的，或者认为那样做是正确的。我们绝不会因此感到丝毫遗憾，并且不论最后为他人所做的牺牲有多大，我们都不会认为理应有所回报，也不会认为这样做是为了提高精神境界。”毕竟日本人是以相互义务作为相处核心来生活的，因而自然不会认为，这种相互关系中存在“自我牺牲”。他们对自我做出履行极端义务的要求，但传统意义上的，关于相互义务的强制力，则不允许他们“自怜”和“自负”。在个人主义国家中,“自怜”和“自负”的心态实为常见。

美国人如果想要真正理解日本人自我修行的习惯，就必须要对美国的“自我训练”概念进行修正,并抛开美国文化中的“自我牺牲”和“自我压抑”观念。在日本，想要成为一名优秀的运动员，自我修行必不可少，也不会被认为是在“自我牺牲”。训练定然会很严格，不过这种严格本来就是训练事项所固有的。

新生儿虽然会很“幸福”，但也很缺乏“体验人生”的能力，只有通过不间断的精神训练，才会使生活变得充实且有意义，人们才能获得“体验人生”的能力。这样的说辞，通常被译为“只有这样才能享受生活（Only so he can enjoy life)”。自我修行能锻炼一个人的自制力，从而使其人生更加开阔。

第一层级的自我修行，即培养能力，主要是为了改善人们驾驭生活的能力。如他们所说，在进行自我修行之初，人们可能会倍感煎熬，但这种感觉并不会持续太久，人们终会体味到其中的乐趣，若非如此，便会抛弃所进行的自我修行。他们要求，徒弟要在商界闯出一番天地，青春少年要研习“柔道”，媳妇要学习和遵从婆婆的要求。训练之初，对这些新要求不甚习惯之人，会想要极力躲避自我修行，这是能被理解的。每当出现这样的情况，父亲们便会训诫道：“你想要的是什么？想要体味人生的话，就必须接受这些训练；如果现在你放弃了，未来必定会过得不快乐。当你有一天沦落到那样的境地，被人指指点点，我可不会站在你这边。”如他们常说的那样，自我修行可以磨掉“身上的锈”，可以让人变得更加锋芒毕露。这自然是他们想要的效果。

即便日本人如此重视并强调自我修行对自己的益处，但他们在道德观的要求下，时常进行的那些极端行为，也会导致真正的严重的压抑感，且这种压抑感还会导致带有攻击性的冲动行为。美国人对此是可以理解的，因为在游戏和体育赛事中常常会出现类似的情况。例如桥牌，选手为了表现出色，绝不会对必要的自我牺牲抱怨连天，也绝不会把消耗的时间与精力视为“压抑”，因为消耗这些时间与精力是为了使自己成为这一领域的专家。然而就算这样，医生们仍然表示，人们在进行赌博或一决胜负时，由于精神的高度集中，身体会出现不适，过度紧张，甚至会导致胃溃疡。在日本，这样的事情也曾发生过。不过由于相互义务的观念带有强制力以及人们始终坚信，自我修行对自身有益，因而对于那些大多数美国人都会难以忍受的行为，日本人倒是非常容易接受。他们远比美国人更关注力所能及之事，不会为自己找很多借口，不会把生活中的不满推到别人身上,也不会因为没能获得美国人所谓的平均幸福(average happiness）而自怨自艾。对于“身上的锈”，他们的关注程度和在意程度，已经远远超过美国人。

第二层级的自我修行——“圆熟”，是比培养能力更高的修行境界。对于这类修行的认知，如果只是依靠阅读日本文献或著作，西方人是理解不了的，而那些专门研究这类文化的西方学者又常常会忽视它，甚至有的学者会称其为“怪癖”。一位法国学者曾在其著作中表示，那完全是在“无视常识”——说最讲究修行的禅宗是“集严肃的荒谬之大成”。当然这不难理解，日本人试图运用这种技巧来达到其目标。而对这个问题的探究，对我们了解日本人的精神驾驭术是有帮助的。

日语中有一系列的词汇用于表达自我修行达到了“圆熟”

境界。这些词汇或用于演员，或用于宗教信徒，或用于剑术家、演说家、画家以及茶道宗师等。这些词的含义皆有相同之处。譬如，“无我”。这本是禅宗用语，流行于上层阶级之中，所表达的“圆熟”境界是指，意志与行动间的无障碍体验，像是一股电流畅快地从阳极流入阴极。不论是来自世俗的经验，还是来自宗教的经验，尚未达到“圆熟”境界之人，意志与行动间必定存在某种障碍——日本人称为“观我”“妨我”——就好像一块绝缘板，阻碍了电流。经过某些特别训练，障碍被消除后，“圆熟”者便丝毫意识不到自己“正在做什么”，如同电流畅通无阻，无须助力。这种境界被称为“心一境性（One-pointed）”，即行为与内心所想完全一致。

在日本，无论自己有多平凡，人们都会努力争取，力求达到“圆熟”境界。英国研究佛教的权威人士查尔斯·埃利奥特爵士（Sir Charles Eliot）曾说起过一位女学生的故事：“她来到东京某位著名传教士的住处，希望成为一名基督教徒。传教士问及缘由，她答道，想乘飞机。传教士让她解释一下乘飞机与基督教有何联系，她答，听说坐飞机需要一颗沉着冷静的心，而只有通过宗教的训练，才有可能获得这种心。她认为，基督教是宗教中最好的，于是便来求教。”

基督教和乘飞机被日本人关联起来，就像他们把沉着冷静与应对考试、讲演以及政治事务等事情都关联起来一样。他们认为，修行“心一境性”，对其他任何事业都有无可辩驳的益处。

虽然在很多文化中，此类训练都有所发展，但日本人训练的目标与技巧，显然有其独特性。日本的修行方式多数源自印度的瑜伽派，这就更有意思了。自我催眠、集中意念及其驾驭五官等日本修行方法，就算在今天来看，依然透出与印度修行方法的一脉相通了。日本还很重视“虚灵（不想）”“体静（不动）”，以及反复诵念同一句话，或将精神集中于某种特定象征之上。除此之外，日本甚至还会使用一些源自印度的术语。当然，除去这些表面上的相同之处，日本的修行之道与印度没什么共同之处。

印度的瑜伽派极端崇尚禁欲苦修，认为这样便能从轮回中解脱出来。人的解脱，除了“涅槃”之外，别无他法。人的欲念便是障碍。只有通过受饿、受辱和自苦等方式，才能消除欲念的障碍。借由这些途径，人超凡脱俗成为圣者，拥有了灵性，与神合二为一。瑜伽派的修行，鄙夷欲望世界，旨在逃离苦海，同时也是在修炼和掌握灵性的能力。苦修越是极端，到达彼岸的路程就会缩得越短。

这类印度瑜伽派哲学并不存在于日本修行之道中。日本虽然信奉佛教，但对轮回和涅槃的认知，日本人是没有的。虽然少数僧侣会接受此种教义，但这影响不了民间的思想和习俗。日本人并不认同把鸟兽鱼虫视为人之转世而不得杀生的思想，诞生和死亡的仪式也未曾受到轮回思想的影响。轮回与涅槃，并非日本人的思维模式，不仅普通民众没有这种想法，对于僧侣们而言，也会对这类思想进行“加工”，使之逐渐消失。部分颇有学识的僧侣们曾笃定地认为，顿悟之人，即已达到涅槃的状态，也就是说，他们认为，顿悟之时，松林与鸟兽间也能“见涅槃”。对于死后世界的虚幻想法，日本人并不感冒。他们的神话故事全与神灵有关，而从不与逝者产生联系。他们对佛教中前世今生因果报应的思想持拒绝的态度，在他们看来，不论是谁，就算是最低贱的人，死后都可以成佛。日本人所谓的“佛”，说的是神龛上的家人灵位，这样的指代方式，在其他佛教国家中是没有的。如此尊称普通逝者，并非难以理解，日本民族毕竟并不追求涅槃这样的艰难目标——若是人无论怎样都可以成佛的话，自然不必再用一生去苦修，以竭力达到绝对静止的目标了。

同样，日本的修行之道并不认为肉体与精神水火不容。瑜伽派的修行旨在消除欲望，然而肉体是欲念的载体，因此需要对肉体进行磨炼。日本人却认为，“人情”并非罪恶，感官享受亦是生活哲学的一部分，但在重大的人生义务面前，人们必须牺牲感官享受。日本人对待瑜伽派修行的态度是，将“肉体与精神不相容”的信条，在逻辑上进行了极端的扩展。日本的修行之道摒除了一切自虐般的苦修，也不秉持禁欲主义。他们的“悟者”被称为“隐士”，通常与妻子避世而居，生活宁静而致远。在日本，娶妻生子与超凡入圣一点也不矛盾。在最通俗的佛教教派中，僧侣们是被允许结婚生子的。日本的顿悟者入圣之人，通常是通过严格的自我冥想和质朴生活来修行，而非借由节衣缩食，或置身情欲声色之外的方式。日本的入圣之人，会整日吟诗作赋、品茶赏花，日本禅宗甚至还告诫修行之人应避免“三不足”：即衣不足、食不足和寝不足。

瑜伽派哲学的终极思想是神秘主义修行，它认为通过这样的修行，可以让人达到某种忘我的天人合一的状态。当然，此信条在日本也并不被信奉。原始民族、伊斯兰教阿訇、印度瑜伽派的修行者，还有中世纪的基督教徒们，虽然信仰各异，但只要是推崇这种神秘主义修行之人，都会一致认为自己达到了天人合一的状态，体味到了超脱的愉悦。准确地说，日本存在神秘主义修行，但不存在神秘主义。他们也认可入定，但他们仅是把达到此种境界视为训练“心一境性”的方式，而为了“超凡入圣”。某些国度的神秘主义者认为，入定之时，人的五官会停止作用。信奉禅宗之人却认为，入定使“六官”更加敏锐。所谓第六官，则是在人心中，通过特殊训练，第六官能够支配其他五官。而嗅、视、听、触、味这五官，在入定之时，也会受到特殊训练。禅宗的修行者会用很多方式训练自己，比如，聆听几近于无的脚步声，并精准地跟踪；或者，在三昧境界中辨识出诱人的美味。嗅、视、听、触、味都辅助于“第六官”，而人要在入定时将这“六官”都训练得敏感异常。

这种现象对于任何一个重视超感觉经验的宗教来说，都是例外。甚至在入定之时，修行之人也不会想要超脱自身，反而会像尼采所描述的古希腊人那样，“维持自身原样，保持市民之名义”。高僧道元是日本伟大的佛教法师之一，他对这种观点的阐释可谓最为精辟。13 世纪时，道元创立了曹洞宗，从那时起，曹洞派一直是日本禅宗宗派中最大的，也是最有势力的。他曾谈到过自己“顿悟”时的感受:“我只感到，眼睛在鼻子上方……并没有神秘之处。如同时间一般自然流逝，日出于东方，月沉于西方。”日本禅学著作同样认为，入定只能培养自我修行能力，别无其他。一位日本佛教徒如是说:“瑜伽派认为，人通过冥想可以获得超自然的能力，但这种荒谬之言禅宗并不认同。”

如是，日本完全篡改了印度瑜伽派的基础观点。日本人对“限定”甚是酷爱，如古希腊人一般。他们认为，瑜伽派的修行是为了以自我修行来完善自身；以期达到“圆熟”境界，即人与其行为间的畅通无阻。这种训练只能依靠自身进行，其回报也是当时当地就有的。通过这些训练，修行之人不论面对何种局面，都能做出最有效的应对，用力恰到好处；控制自我，避免恣意妄为，心境平和，沉着冷静地面对身外之险或内心情绪。

这种训练不单单对僧侣们有好处，对武士而言也大有裨益。武士把禅宗视为信仰。在其他地方很难看到这样的情况，日本用神秘主义的修行之道来训练武士，是为了使他们能够以一敌百，而非让他们追求神秘体验。在这一点上，从禅宗影响日本之初直到如今，日本始终如一。12 世纪时，荣西作为日本禅宗的始祖，甚至将其巨著起名为《兴禅护国论》。日本禅宗对武士、政治家、剑术家和大学生的训练目标其实是世俗化的。如同查尔斯·埃利奥特爵士所说，在中国禅宗历史上没有人会想到，有一天禅宗传到了日本，竟被日本拿来作为军事训练的手段。“与茶道、能乐一样，禅宗被日本化了。在12、13世纪的动乱时期，这种不主张从经典中寻求真理，而要求发自内心去体验冥思的神秘教义，在避世躲灾的僧院之中大肆流行，这并不难以理解，但谁也没想到，现实中，武士阶级也会接受这种修行之道，并对其偏爱有加，将其视为生活准则。”

在日本，佛教、道教等诸多宗教都十分强调冥想、自我催眠和入定。某些教派将此类训练的成果视为神的恩赐。这类宗教的哲学基础为“他力”，即他人之帮助，他人是指仁慈的神。禅宗以及其他某些教派，主张“自力”，也就是依靠自己的力量。他们的教义说，潜力只存在于自身之中，增强潜力只能依靠自身努力。日本武士们认为这样的教义和他们的性格很吻合。僧侣、政治家以及教育者们，都在以禅宗的修行之道，对某种素朴的个人主义进行着强化。禅宗的教义很是明晰：“禅所求者，唯在己身可发现的光明，不容许任何阻碍。除尔途中一切孽障……遇佛杀佛，逢祖灭祖，遇圣劓圣。唯此一途，可以得救。”

一心探索真理之人，是无法接受任何二手事物的，不管是佛学经典、先祖训诫，还是神学圣典。在日本，“三乘、十二因缘等经典，都成了一堆废纸。”他们认为，对这些经典进行研究，虽然不能说毫无作用，但都不能使自心灵光乍现，而让人顿悟的恰恰是自心的灵光乍现。在一本释禅的书籍中记录着，弟子请禅师讲解《法华经》，禅师娓娓道来，弟子却有些失望，他说："我还以为，禅师们都会轻视经典、理论和逻辑体系呢！"禅师答曰："禅并不是一无所知的，但真知定在一切经典与文献之外。你又不是来寻求真知，只不过是来解经的。"

禅师们传授给弟子的，是如何求"真知"以达到顿悟。不论是肉体上的训练，还是精神上的训练，最后的成果都定然来自内心意识之中。最好的事例莫过于剑术家的禅修。当然，他们必须对剑术的基本功勤加练习，但这只是在"培养能力"，此外，他们还必须学会"无我"。在训练"无我"时，最初他们要站在地板上，将全部精力集中在脚底的见方之地。慢慢地，这块狭小的立足之地被升高，再往后的训练中，剑术家将立身于四英尺高的柱子上，仿若在庭院中休憩般闲适。当他能坦然惬意地立在柱上时，也就得到了"真知"，顿"悟"了。此刻，其心已顺从己意，不再感到头晕目眩，也不再担忧摔倒了。

日本的立柱术，改造自世人熟知的西欧中世纪圣西蒙派立柱苦修术，并将其演变为一种带有目的性的自我训练，而不再是苦修。在日本，无论是禅修，还是乡村习俗，但凡是肉体训练，都被改造过。很多地方的修行会采用潜入冰水，或立身山瀑之下等苦修方式，有的是为了对肉体进行训练，有的是为了祈求神灵怜悯，还有的是为了让意识进入恍惚状态。众所周知，日本人喜好耐寒苦修，不论是在日出前站立或坐于冰冷的瀑布下，还是在大冬天晚上洗三次冷水澡，这些训练都是为了让意识上的自我，到最后能够感觉不到痛苦。修行者的训练目的，是为了使自身可以排除一切干扰，持续冥想。当意识感觉不到水的冰冷刺骨，身体在寒冬之夜不再颤抖时，便达到了“圆熟”。此外，别无所求。

另外，对精神的训练也必须要依靠自我。虽然可以向师傅请教，但师傅也不会施与西方式的“教导”，因为他们认为弟子们无法从己身之外学到任何有意义的事物。师傅会与弟子探讨，但从不会指导他们如何达到智慧的状态，即便这种指导是温和的。相反，越是对弟子粗暴相待的师傅，越被认为是有助力的师傅。当师傅将弟子刚送至嘴边的茶杯突然打掉，或让弟子摔跤，抑或是用铜如意敲打弟子的指关节时，弟子便会在如此冲击下，如通电一般顿悟。因为这样做，可以打消人的自满之心。日本的僧侣言行记录中，尽是这样的故事。

为了使人努力顿悟，日本最常用的方法是“公案’，即“问题”，据说有1700个。在禅师逸话中曾写道，有人为解决一个“公案”，耗费了七年之久，而这类事并不鲜见。事实上，“公案”的目的并非是寻求合理的答案。“想象孤掌独鸣”“是谁在背负尸体”“是谁正向我而来”“万物归一，一又归于何处”之类的禅问，其实在12、13世纪以前，就在中国存在了。日本在引进禅宗之时，也引进了这种“禅问”之法。只不过，“公案”于中国已消失，但在日本，依然是最重要的助人至“圆熟”的训练手段，并被入门禅书高度重视。“公案中蕴含着各种人生困境”，思考公案的人被视为“追入绝境的老鼠”，或“咬铁牛的蚊子”——他们忘我地努力着。直到最后，当横亘在心灵与公案之间的“观我”被除去时，思维便会一如闪电——心与公案合二为一——于是顿悟。

精神努力是高度紧张的，看过这些描述后，你应该明白，若企图再从书籍中找到他们所获之伟大真理，定会失望万分。南侯用了8年时间思考“是谁正向我而来”的问题，得出的最终结论是:“说此地有一物，旋即失之矣（大意为，一说出口，便会消失，可理解为，只可意会不可言传）。”不过禅语的启示通常也有模式，可从下面几句问答中窥见：

弟子问:“如何才能避免堕入生死轮回？”

师傅答:“是谁束缚了你？（你被谁限定在了轮回之中？）”

他们说，自己所学之物“不是渔网，而是渔网所捕之鱼”。在西方，我们将这种理论称之为二难推理，也就是两个假言判断皆与主题无关。日本人这么做的目的，只是为了让人顿悟：只要能够开启意识，当下一切手段皆可达到目标。也就是说，万事万物皆有可能，而且不需要借助外力支持，只靠自身努力即可。

日本公案的意义不在于通过这种方式所探寻出的真理本身，而仅在于探索真理的思考过程。

公案被视为禅学的“敲门砖”。“门”存在于人性的愚昧之墙上，这种愚昧的人性总在担心现有手段够用与否，总在幻想自己被众人关注，并被肆意评论，褒贬不一。这堵墙实际上就是日本人一直以来都十分在意的“耻感”。一旦将公案思考通透，人便进入了自由的状态，不再需要求解公案了。修完功课，道德困境也就消除了。他们从一开始就钻进了死角，“为了修行”而成了“咬铁牛的蚊子”，最后才醒悟，死角根本就不存在。“义务”与“情义”“情义”与“人情”，以及“正义”与“情义”之间，均无所谓死角。他们终于看见了前路，拥抱了自由，能够开始“体验”自我的人生了。他们已至“无我”的状态，其“修行”亦达到了“圆熟”。

铃木大拙是日本禅宗大师，他将“无我”的状态释为“无为意识的三昧境界”“不着力、无用心”。“观我”消失后，人“失去其自身”，成为自身行为的主导者。他说，“一旦意识觉醒，意志就会一分为二：行为一方和旁观一方，必会冲突。因为，行为一方企图挣脱束缚”。顿悟之时，人会觉得，既没有“观我者”，也没有“作为无知或不可知的灵体”，而只有目标和为了实现目标之所为，别无其他。如果人类行为学家能将表达方式稍作改变，或许能更好地说明日本文化的这种特性。日本人自幼接受严格训练，被要求观察自身行为，关注他人对自己的评价，并以此作为衡量自身行为的标准。此种情况下，身为“观我者”的他，极易受伤，不过一旦得以升华，意识进入了三昧境界，便能消除掉容易受伤的“观我者”，而意识不到“他在做什么”。于此，便可认为已修行成功，如同剑术家立于高柱之上仍无所畏惧。

不论是画家、诗人，还是武士，皆会用此种方式训练自己，力求达到“无我”的状态。其实，他们所学并非“无限”，而是对“有限”之美的感受，那种感受明晰且不受干扰；换句话说，他们所学的，是调整方法与目标，只做适当努力，便可恰到好处地达到目的。

日本人认为，从未受过修行训练之人，也可以获得“无我”的体验。欣赏歌舞或能乐之人，沉浸在剧情发展之中，那种忘我的状态也可以被视为在当下消除了“观我”，他的手心出汗，这便让他感受到了“无我之汗”，体验到了“无我”的状态。轰炸机的驾驶员在接近目标，并准备投下炸弹时，手心也会有“无我之汗”。在他的意识中，“观我”已被去除。高射炮手全身心地侦察着敌机状况时，也同样会渗出“无我之汗”，感到周遭世界全已消失，“观我”被消除。一旦人处在此类处境中，意识达到此种状态，就都进入了“无我”的最高境界。这便是日本人对“无我”的阐释。

上述事实胜于雄辩，日本人将自我监察和督导视为巨大的压力。他们自己也说，这种牵制一旦被消除，就能感到自由且有效率。美国人的观念里，“观我”等同于内心的理性，所以他们把临危不乱视为骄傲。而日本人想要得到解脱之感，就必须训练自己达到三昧境界，摒除自我监察的束缚才行。直至目前，我们所看到的是，日本文化反复将谨小慎微的思想灌输至内心深处。然而，对此日本人极力辩解，且坚信：心理重荷一旦被消除，意识就达到了更有效的境界。

日本人高度赞赏“向死而生”之人，他们通过这种方式来表现上述信念，这在西方人听来实为极端。若就字面意思而言，翻译出来大概等同于西方所说的“行尸走肉”，在西方文化中是受人嫌弃的。我们说这句话的时候，通常是指一个人就像死了一样，空有躯壳，毫无活力。但日本人的观念里，“向死而生”的意义却是，人已经达到“圆熟”状态。在日常生活中，日本人常以此话作为劝勉和鼓励之言。对担心中考的少年，他们会说：“就当自己已经死了，这样就容易通过了”，以示鼓励。对进行大量交易的商人，朋们友会对他说：“就当自己死了，索性继续干下去吧。”对深陷严重的精神困境，希望尽失之人，人们也常常劝诫他们抱着“向死而生”的态度继续生活。日本战败后，贸川丰彦当选贵族院议员，作为基督教信徒的他在自传体小说中写道：“就像是被恶魔附身，他终日都躲在房间里不停地哭泣。时而爆发的抽泣逐渐变得歇斯底里。这样的苦痛持续了一个半月后，生的念头终于获胜……不如就这样带上死的力量，继续活下去……他就当自己已经战死沙场了……他下定决心，要当一个基督徒。”日本军人在战时最常说的便是：“我决定就当自己已经死了，以报答皇恩浩荡。”这句话可以用来诠释他们的一系列行动，比如，出征之前为自己举办葬礼；誓要将己身“变作硫磺岛上的一抔土”，或“与缅甸之花一齐凋零”，等等。

“向死而生”的态度蕴含着以“无我”为基础的哲学理念。

“向死而生”其实就是消除一切自我监察、自我恐惧和自我戒备。既然已“死”，就意味着不需再考虑自己的所作所为是否合乎情理。死者是自由的，他们不用再报恩。因而“向死而生”意味着，摆脱了一切矛盾与冲突，也意味着，行为和意识不受外力约束，可以奋力追求自己想要实现的目标。观我及一切重荷已不再是“我”与“奋斗目标”之间的屏障了。从前那些一直烦扰“我”努力追求的紧张感和消沉情绪，也已随之荡然无存。现在的我，可以随心所欲了。”

西方人认为，日本人的“无我”及“向死而生”是将意识排除在外的。他们所定义的“观我”和“妨我”，其实就是行为的监督者。这无疑是东西方人民心理差异的突出表现。在美国，如果说一个人没有良心，指的是他做了坏事却毫无罪恶感。而在日本，如果说一个人没有良心，指的则是他做事时不再紧张，不再受到外界干扰。同样的言辞，在美国说的是坏人；在日本却说的是好人，是有修行的人、能将自我能力发挥到极致的人，能够完成最难之事的人以及大公无私的人。对美国人来说，善行的最大强制力是罪恶感，一个良心麻痹的人是不会再有罪恶感的，于是便会变成反社会的人。日本人则不这么看待这个问题。在日本哲学中，人心深处存有“善”，当内心的“善”直接表现为行为时，他会自然而然地履行道德。于此，他渴望努力修行，力求“圆熟”，消除自我监察时的羞耻感。在“圆熟”状态下，第六感官的障碍得以消除，自我意识与矛盾冲突被彻底挣脱。

研究者若想要理解日本的自我修行之道，必须以生活经验为基础，否则将会陷入迷茫之中。总之，对日本人而言，“观我”时的“羞耻感”是异常沉重的压力。想要进一步了解日本精神驾驭术的哲学意义，必须先探究日本的儿童教育方式。不论何种文化，其道德体系都是世代相传的，不仅通过语言文字上的传递，还通过长辈对后辈的态度来继承。对教育方式的研究，有助于理解社会生活中的众多重大问题。至此，我们已经通过日本成年人的生活方式及态度，阐释了日本民族的各种人生观。而接下来将要谈及的日本儿童教育方式，将会帮助我们更深刻地理解他们的人生观。

第十二章　儿童教育

就算是思维活跃的西方人，恐怕也难以想象日本的育儿方式。在美国，父母为了让孩子适应生活而做出的训练，很少会像日本父母那么谨慎和自制。美国父母从孩子婴儿时期便会让他们知道，自己的意愿绝不是世上的最高指令。我们会对授乳时间和睡眠时间做出规定，如果未到规定时间，不论婴儿如何哭闹，也会让他等着。此后，若是婴儿开始吮吸手指，或是触摸身体其他部位，母亲就会敲一敲其手指，以示禁止。美国母亲不会守在孩子身边寸步不离，并且在外出时，也必然会把婴儿留在家里。到了一定时期，如果婴儿太过恋乳，对其他食物不感兴趣的话，母亲则会让他断奶。如果孩子习惯用奶瓶，此时便不会再给他奶瓶。有利于身体的食物，孩子是必须吃的。如果违反规定，孩子就要接受惩罚。于是，美国人认为，日本的孩子理应会受到更加严格的训练，因为他们在长大后，被要求必须克制一己之欲，严格谨慎地遵从道德规范。

事实并非如此，日本人的人生曲线是U字形的，与美国恰恰相反。在日本，婴儿和老人拥有最大的自由，并可以任性行事。幼儿期之后，约束性的条件会逐渐增加，直至结婚后，日本人的个人自由降到最低点。这种最低的自由状态会贯穿于人的整个壮年时期，几十年后又逐渐提升。日本人在六十岁之后，几乎又可以像幼儿一样，无须为羞耻和名誉之事忧愁烦恼。美国的人生曲线呈倒U字形，在幼儿时期，教养十分严格，随着年龄的增长，自由度逐渐宽松，在其谋得了自立的工作以及组建了自己的家庭后，就几乎可以不受任何人的约束了。在美国，壮年期是人们自由度和主动性最为鼎盛的时期。随着年龄越来越大，精力会越来越弱，以至于最后成为他人的负担，于是又回到备受约束的状态。按照日本的人生模式来生活，这在我们看来是难以想象的，毕竟那和美国的人生模式极端相反。

不过，两国的人生曲线也存在一个共通点：其人生安排都在客观上确保了，一个人在其壮年时期，能够尽可能地融入国家文化当中。美国采取增加壮年期的个人选择自由度的方式，确保这一目标的实现；日本则采取最大限度地约束个人自由度的方式，保证其目标的达成。在日本的壮年之人，尽管精力最为充沛，自我的谋生能力最为强盛，但依旧无法主控自己的生活。日本人坚定地认为，最好的精神训练莫过于约束，通过约束所达到的训练效果，是自由达不到的。在最活跃且最具创造力的壮年时期，日本人遭遇了最大的约束，但并非终生如此，在幼年和老年时期，他们则拥有“最自由的天地”。

日本民众对孩子都娇纵有加，并且都非常乐意生养子女。在生养子女方面，和美国父母相同的是，他们认为喜爱孩子是件快乐的事；不同的是，除了情感需求之外，他们还认为传宗接代十分重要，如果断了家族血脉，就意味着人生的失败。传宗接代的想法，在美国并不受重视。在日本，每个男子都必须要生养个儿子，为了延续血脉，继承家产和荣誉，也为了自己死后，有人跪拜于神龛之前。在传统思想下，父亲对儿子的渴望，就像幼儿对父亲的渴望。儿子总有一天需要取代父亲的位置，但这并非是将父亲撇下不管，而是为了让父亲心安。很长一段时期内，父亲主持“家务”，到了某个时候则由儿子接任。作为父亲，并不会死守主持大权不予交替，那样的话“父亲”的身份便毫无意义了。这种社会意识是根深蒂固的，也是连续性的，这让日本男孩在成年后，并不会感觉依靠父亲是何等羞耻或不体面的事，这和西方民族的感受完全不同，即便这种依靠持续的时间比在美国家庭久得多。

日本女性对儿子的渴望同男人一样，也不仅限于满足情感需求。更在于，日本女性想要在家庭中拥有一席之地，就必须成为母亲。没有一男半女的女性，其家庭地位是最不稳定的，即便丈夫没提出离婚，她也失去了自己当婆婆的机会，无法为儿子的婚姻大事做主，也无法对儿媳行使权力。为了延续血脉，丈夫有可能会收养儿子，因为没有子女的妻子，在日本传统观念中始终是个失败之人。日本女性通常都渴望多生养子女。20

世纪 30 年代前半叶，日本的出生率是 31.7‰，这个比例比东欧多子女国家还要高。而在 1940 年，美国的出生率是 17.6‰。日本女性大多在十九岁左右就会生孩子，年龄阶段很早。

在日本，分娩是私密之事，如同性行为一样。产妇在分娩时，即使阵痛强烈，也要咬牙坚持，不让自己大声喊叫，以避免被他人知道。准妈妈需要提前给新生儿准备好新被褥和小床，因为在日本，人们认为新生儿若是不睡新床，就不吉利。对于贫困的家庭而言，如果买不起新床，就会把被料和棉花洗干净，做成“新”被。小被褥很轻，不似成年人的被褥那么硬。日本人认为，孩子在自己的床上会睡得更踏实，但在潜意识中，他们受限于一种所谓的“感应巫术”——“新”人必须睡“新”床。婴儿床会放在靠近母亲睡床的位置，直到他渐渐长大，懂得提出要求，希望和母亲睡在一起时，母亲才会让他到自己的床上去。他们认为，孩子只有满了周岁，才懂得伸出双手，表达出这种需求。直到那时，母亲才会抱着孩子睡。

在日本，新生儿头三天是不给哺乳的，因为他们认为三日后才母亲的会有真正的奶汁。到时候，婴儿便可以随时含着奶头，或是吃奶，或是含着玩。母亲也会以给孩子哺乳为乐事。日本人一直相信，女人最大的生理快乐之一便是哺乳，而且这种乐趣也是婴儿最容易感受到的。乳房不仅是为婴儿供给营养，还是喜悦和快乐的来源。婴儿出生后的第一个月里，要么是被放在小床上睡觉，要么是被母亲抱着。一个月后，母亲便会背着婴儿去参拜当地的神社，日本人认为在此之后，婴儿的生命才算在身体里稳固下来，才能自由地带着他外出活动。母亲把婴儿背在背上，用双股的绳子系在婴儿的臀部和腋下，再跨到自己的肩膀前面，在腰部前面打上结。如果天气寒冷，母亲就用外套把婴儿裹在里面。在日本家庭里，年长一些的孩子，不论男女，都要背小弟弟或小妹妹，就连玩垒球或踢石头的游戏时，也会背着小婴儿跑来跑去。特别是在农村家庭和清贫的家庭中，很多时候都是大孩子照看小孩子。这样一来，“在日本，婴儿生活于人群之中，很快变得聪明伶俐起来，就好像正和背负自己的大孩子一起玩着游戏。”让婴儿伸展四肢，然后将其绑在背上，这和太平洋诸岛以及其他地方的流行方式——用披肩裹着婴儿——很相似。不过，其他地方的人们都把孩子看成被动的接受者，以此方式养育他们，希望他们长大以后能够在任何时间、地点，或是任何状态下睡觉。但是，日本的背负方式，不至于像用披肩包裹那样使婴儿完全处于被动状态。婴儿“在人的背上，会像小猫一样搂抱着背自己的人……虽然绑在背上的带子安全可靠，但他依旧会自己努力去寻求一种最舒服的姿势。很快，他就能掌握舒服地趴在背上的技巧，而不仅仅是被绑在他人肩上的包裹。”

母亲在工作的时候，会把婴儿放在睡床上，外出的时候，则会把婴儿背在背上，带着他一起走。母亲还会时常跟婴儿说话，唱歌给他听，教给他各种礼貌行为。母亲在向他人还礼之时，也会轻轻晃动婴儿的头和肩，让他也行礼示意。总而言之，母亲把婴儿像大人一样对待。每日午后，母亲都会给婴儿洗浴，然后让他坐在自己腿上，逗他玩耍。

婴儿在三四个月之前是要系尿布的，这种尿布又粗糙又厚实，以至于日本人时常抱怨说罗圈腿就是从这时落下的。三四个月之后，母亲开始教婴儿大小便，她们会计算好时间，带婴儿去到户外，用手将婴儿的身体托住，吹起单一的浅浅的口哨声，催促婴儿大小便。婴儿对这种听觉上的刺激，是能够明白的。

很多人都认为，日本孩子和中国孩子都在很早就学会了大小便。如果婴儿尿床，一些母亲会拧一拧他的屁股，但通常，母亲们都只是责备几句，并更加频繁地把还没有养成习惯的婴儿带到户外，教他大小便。如果婴儿无法排便，母亲就会给他洗肠，或者给他服用一点泻药，她们认为这样做可以让婴儿感到舒服一些。婴儿在学会大小便之后，就不用再系那些粗厚的尿布了，本身就不舒适不说，而且就算尿湿了也不会马上被换掉。当然，此时的婴儿还太小，并不明白学会大小便和甩掉尿布之间有什么关联，他们只知道，天天都要不可避免地做这些事。婴儿在大小便的时候，母亲在抱紧他的同时，让其身体尽可能远一点。对婴儿而言，这种训练是无情的，但却为他的将来打下了基础——对日本文化中层层叠叠的强制性要求予以服从。

在日本，婴儿一般是先学会说话，后学会走路的。日本人从不鼓励婴儿爬行。在他们的传统习惯中，不能让未满周岁的婴儿进行站立或行走。在以前，母亲们绝不允许婴儿这么做。最近十几年，日本政府发行了价格低廉，普及率较高的《母亲杂志》，并在杂志里宣传了“鼓励婴儿学习走路”的观念，这一育儿方式才得以被日渐接受。在帮助婴儿练习走路时，母亲会在婴儿腋下系上带子，或用手扶着婴儿。婴儿说话的欲望是很强烈的，当他们开始可以说些字词的时候，大人就会逗他们说话，并带有一定的目的性——不再让婴儿模仿讲话，而是教授他们单词、语法以及敬语，等等——大人和婴儿都乐此不疲。

小孩在会走路之后，常常给家里“制造麻烦”，比如用手指把窗户纸捅破，或者差点掉进火炉里之类，这些行为引起了大人们的不满，于是室内的危险性被夸大了，甚至连踩门槛都被说成是危险之举，被严令禁止。日本的房屋是没有地下室的，是梁柱结构。如果孩子喜欢踩门槛，大人就会严厉地告诉他，这样做会使这个屋子变形，甚至垮掉。此外，两张铺席之间的连接处，也是被禁止踩踏或坐卧的。日本铺席有固定尺寸，房间按照榻榻米的多少被分为“三铺席房间”或“十二铺席房间”，等等。日本的孩子一般都听过这样的故事：古代武士会从铺席底下拿出剑，刺死坐卧在铺席连接处的人。铺席连接处是很危险的，只有待在厚实柔软的铺席上才最安全。孩子们总是被母亲用“危险”和“不行”来劝诫，但其实这饱含深情。“脏”这个词，也时常被用来劝诫孩子，日本家庭的整洁是众所周知的，孩子们会耳濡目染，认为整洁很重要。

除非有了更小的孩子，大多数婴儿在此之前都不会被断奶。近年来，日本政府在《母亲杂志》里也宣导和提出，最好在婴儿八个月后进行断奶。部分处于中层阶级的母亲们会采用这个建议，但依然无法成为大多数日本人的育儿习惯。哺乳，是日本人的一种情感需求，被视为母亲最愉悦的事情。采取新方式的人们，把哺乳期的缩短视为母亲的牺牲，是为了孩子的幸福而做出的忍让。他们认同新方式，认为“长期哺乳于孩子身体无益”，并对那些不断奶的母亲做出批评，认为是放任自我、缺乏自制力的表现。他们只是觉得，“不存在‘无法停止哺乳’这回事”“只是下不定决心”“就是想让孩子一直吃母乳”“只是为了自己高兴”。基于此种态度，为八个月的婴儿断奶的育儿方式，显然无法普及开来。在日本，断奶时间晚还有一个现实因素：对于刚断奶的孩子，他们并没有喂食特制食品的习惯。如我们所知，刚断奶的孩子应该食用粥类食物，但在日本，大多数孩子一断奶就开始食用成人食品。日本人不喝牛奶，也不会为孩子们准备专用蔬菜。于此，日本政府所宣导的“长期哺乳对孩子身体无益”的说法，受到质疑。

在日本，婴儿的断奶时间，一般在他们能听懂大人说话之后。在此之前，大人们吃饭的时候，婴儿会被母亲放到饭桌前，尝试一些食物。断奶之后，他们的食物量会增加。一部分孩子长大了还要吃母乳，那么喂养就出现了困难。如果家庭中又有了新生儿，大一点的孩子就不得不断奶，母亲时不时会给他们一些点心吃，或者在乳头上涂抹胡椒，让他们渐渐戒掉母乳。几乎所有的母亲都会以“嘲讽”的口吻对孩子说，只有小婴儿才吃奶，她们会说“你看看表弟，他才是大人呢，你们年纪一样，但他却不吃奶了”“看看，那个小孩在笑你哦，你是哥哥了，却还要吃奶”。两三岁的孩子，甚至是四岁的孩子，有一些还会含着母亲的乳头玩，可一旦看到大一点的孩子靠近，就会立刻放开，假装什么都没做。

在日本，人们用嘲讽的方式训诫孩子们快快“长大”，不只是针对断奶这一件事。当孩子们能够听懂大人讲话时，这种方式便被运用到各种场合中。譬如，当男孩哭泣时，母亲会说“你又不是女孩”“你可是个男孩”“别的小孩都不哭”之类的话；当客人带孩子到家里时，母亲会在自己孩子面前亲吻客人的孩子，说：“这个宝宝好聪明乖巧，我喜欢这样的孩子，我就想要这样的孩子，你看你长这么大了，还那么顽皮。”往往在这个时候，被“嘲讽”的孩子就会飞奔到母亲面前，用小拳头敲打母亲说：“不好不好，我不喜欢他，我会听妈妈的话。”当一两岁的孩子吵闹不止，或者不听话的时候，母亲会对家中的男客人说：“请帮我把这孩子带走吧，我们家才不要他呢。”此时，客人也会积极配合，假装要把孩子带走。孩子向母亲求救，疯狂哭喊。见嘲讽的目的已达到，母亲平静地把孩子拉到身边，要求抽泣着的孩子做出保证，发誓以后再也不淘气。这样的表演，有时候也会针对五六岁的孩子。

嘲讽的方式还有很多种，比如，母亲走到父亲身边，朝孩子说："我不爱你，我爱你父亲，你父亲才是好人。"于是，孩子嫉妒地把父母拉开，母亲又说，"你父亲才不像你那样在家里乱嚷嚷，也不会到处跑。"孩子跺着脚说："你骗人，我才没有那么做呢，我很乖的，难道你不喜欢我了？"看到玩笑开得差不多了，父母们这才停下来。在日本，不但男孩会被嘲讽，女孩也会遇见这种情况。

这样的育儿方式，使得日本成年人十分恐惧受人嘲讽和轻视。谁也不知道，孩子要到多大才会明白，这种嘲讽只是玩笑而已，不过他们迟早都会明白。"醒悟"过来后，他们依旧摆脱不了被嘲讽的阴影，对安全感和亲密感的缺失感到恐惧。成年之后，若是再遭受他人嘲讽，这种儿时的恐惧感会再次笼罩在他们心头。

对于二到五岁的孩子而言，这种嘲讽会引发更大的恐慌，因为他们原本以为家是安乐自由的天地。父母在体力和情感上都有所分工，很少以竞争对手的身份出现在孩子面前。母亲或祖母们对家务负责，也负责孩子的教育，按照礼数遵从和伺候父亲。等级制在家庭中表现得异常明显。年长之人拥有特权，男人拥有女子不可得的特权，兄长拥有弟弟不可得的特权，这些孩子们都深深明白。不过，孩子在儿时会备受全部家人的宠溺，特别是男孩。不管对男孩还是女孩，母亲始终有求必应。三岁的男孩绝不会对父亲表示一丝抗议，却被允许向母亲无厘头地发火。他可以在母亲和祖母面前生气愤怒，对所受到的嘲讽进行发泄。虽然并非所有男孩都会发脾气，但在日本，三到六岁的孩子们往往都很暴躁，不管是在农村家庭还是上流家庭。日本孩子可以不断地用拳头捶打母亲，哭闹不休，甚至表现得异常粗鲁，直到弄乱了母亲尤为注重的发髻。他们觉得肆无忌惮和无端生事是件有意思的事情。虽然男孩只有三岁，但他是男人，而母亲，不论怎样都是女人。

孩子们会十分尊重父亲，在他们看来，父亲拥有等级制中高级别的地位。日本人说这是“为了训练”，也就是必须让孩子们懂得，理应尊敬父亲。和西方国家的父亲相比，日本的父亲们鲜少负责子女的教育之事。这些事都由女性负责。若是父亲对孩子有何要求，通常会用眼神示意，或者寥寥数语作为劝诫。被父亲要求的状况是鲜见的，因此孩子们总是马上会听进去。工作之余，父亲会给孩子们制作一些玩具，并在孩子们会走路之后偶尔抱一抱孩子，或者将其背在背上溜达。对于低年龄段的孩子的养育，日本的父亲们时而也会参与其中，但在美国，这些工作都被交给了母亲，父亲很少参与。

祖父母一辈总是备受尊敬的，不过孩子们被允许在他们面前撒娇，因为他们通常不会参与到教育孩子的事务中。当然，也有一些祖父母会对孩子的宽松教育有所不满，从而亲自上阵进行教导，但这么做很容易引起众多矛盾。一般来说，祖母会整日陪伴在孩子身边。另外，在日本，婆媳争夺孩子的事情时常发生。在孩子看来，自己受到双重宠溺，在祖母看来，这么做是为了制衡儿媳。年轻母亲需要赢得婆婆的认可，这是其终生的最大义务。这样一来，不论祖父母一辈如何溺爱孙子，媳妇也不敢出声。譬如母亲刚说完，不能再吃糖果，祖母却立马拿出来一颗，还拐弯抹角地说:“奶奶给的糖果没毒。”大多数家庭的情况都是如此，祖母给予孩子的事物都是母亲给予不了的，也拥有更多的时间陪伴孩子。

在日本，年纪稍长的孩子被会要求呵护弟弟妹妹。在日本家庭中，当又一个新生命诞生时，年长的幼儿会深刻地体会到，宠爱地位被人夺走。他们轻易地就会想到，自己心爱的母乳和母亲的铺席，都要被新生儿占有。新生儿出生之前，母亲会对其他孩子说:“你马上就会拥有一个活的娃娃了，不是那种假的玩具娃娃”“你不可以和妈妈睡在一起了，而是和爸爸一起睡”，他们把这些事说得理所当然，像是赋予了孩子某种特权一般。为迎接新生儿所做的各种准备吸引着大孩子们。他们在新生儿降临之时，往往都十分激动，并真心地高兴。当然，这种高兴和激动转瞬即逝，如早先所预料，他们开始觉得难过。失宠的孩子们总是希望把新生儿带到别处，于是对母亲说，“把小宝宝送人吧”，母亲则会回答，“这怎么行，他是我们家的啊，我们都应该爱他，他也爱你，你要帮我照看好他，行吗”。这一类的“对峙”有时候会在很长一段时期内持续进行，母亲显得并不在意。然而，在子女众多的家庭中，会自然而然地出现一种自我调节方式——孩子们会按照长幼，穿插结伴，比如老大照看老三，老二照看老四，弟弟妹妹们总是和相隔一个人的哥哥姐姐更加亲密。在七八岁之前，这样的自我调节方式并不会受到男女有别的影响。

日本的孩子们通常都有自己的玩具。父母或家中的亲朋好友们，或自己动手做，或特意购买，把布偶等玩具送给孩子们，而贫寒家庭一般都是自己制作。小孩们会利用布偶或其他玩具做游戏，譬如过家家、做新娘以及过节之类。在进行游戏前，他们还会辩论一番：某件事大人们是如何做的。有的时候争执不下，就让母亲来做决定。看到孩子们争执，母亲常说，大人有大量，意思是劝诫大一点的孩子多多忍让。另外也常说，吃亏是福，意思是谁把玩具让给小小孩先玩耍，等他玩够了，去玩别的东西时，这个玩具始终还是谁的。这些话的意思，三岁左右的孩子们是能明白的。在进行主仆游戏的时候，母亲会让大孩子扮演仆人，并告诉他，大家都开心的话，你也会感到开心的。就算是长大成人了，在日本，人们对吃亏是福的原则也依旧尊崇。

在教育孩子方面，日本人常用的重要方式，除了嘲讽和劝诫之外，还有让孩子转移注意力，譬如给孩子吃糖果，就被视为在转移孩子的注意力。当孩子们日益临近上学年龄，人们便会采取各种方法，“治疗”他们身上的问题。当孩子性格暴躁，极端顽皮、吵闹不休，甚至怎么管也管不了的时候，母亲便会带他们去神社或寺院，请求神灵或佛祖“帮忙治疗”。大部分出行都像是轻松的郊游一样。为孩子“治疗”的神官或僧侣，会严肃地与孩子对话，问及他的出生情况，还有缺点。随后，他们退回到屋子里，祈祷片刻，再返回告诉大家，病已痊愈，或者说，孩子肚里有虫，所以顽皮得很。之后，他为孩子祓除虫子——将盛满干艾粉的圆锥形小杯置于孩子皮肤上，点燃干艾粉——此后，孩子便可回家了。这种方法被称为“灸”，是东亚一带十分流行的古老疗法之一，用以治疗各种疾病，日本人认为，此法短时间内是有效的，是一剂良药。不过，艾灸会在人的身上留下疤痕，终身无法消除。在日本，艾灸还被用来治疗暴脾气和顽固的毛病。六七岁的孩子被母亲或祖母带去进行这样的治疗，有时候难治的毛病还会治疗第二次，还好，顽皮的毛病很少需要借助第三次的治疗来改掉。艾灸本身与惩罚无关，并非美国人“你再这么做，看我不揍你”的惩治。不过和挨揍相比，艾灸的痛苦有过之而无不及，这令孩子们深刻地记住了，不能顽皮任性，要不然就会受到这样的惩罚。

除此之外，孩子们还必须学会一些必要的身体技能，人们会通过很多习惯予以培养。老师们被要求，一定要亲自给孩子们做出动作示范，孩子们则被要求一定得认真模仿。孩子在两岁之前就会被父亲教导着如何盘腿坐，父亲会将他们的两条腿盘起来，脚背紧贴地板。最初，孩子们都会仰到于地上，对他们而言，很难达到盘腿坐的要求——身体平稳，不可乱动，不能随意变换姿势。在日本人看来，盘腿坐的要领是放松身体，身处被动，但这种被动状态，只能依靠父亲用手按住孩子的腿，并将其摆正。日本孩子不仅要学坐姿，就连睡姿也要学。日本的女性十分重视睡姿的优美程度，此事的严肃性，就像美国女性不能容忍被人看到裸体一样。为了获得外国人的认同，日本政府曾把裸浴划入陋习之列，此前的日本人从不认为裸浴不好，不过一直以来，他们都很在意女性的睡姿。睡姿如何对男孩来说无所谓，但对女孩来说，睡觉之时必须紧紧并拢双脚，伸直身体。这在日本是男女有别的早期认知和训练之一。和别的一切规则相同，这种对女性睡姿的要求，对上层阶级来说，其严格性比对下层阶级更甚。杉本悦子（下称杉本夫人）在谈到其武士家庭的教养时说："从我能够记事起，我总是在夜里谨慎地躺在小木枕上……作为武士的女儿，不管何种场合，就算是在睡觉，也必须身正心定。男孩在睡觉的时候可以四仰八叉，就算睡成'大'字，手乱脚乱也没关系。但女孩在睡觉的时候就必须特别小心，微曲身体，端庄而卧，就像'き'字形。这是'自制'精神的表现之一。"日本女孩在夜晚入睡之时，会由母亲或奶妈帮忙，将手和脚都放得规规矩矩。

孩子们在学习书法时，也是被老师手把手教导的，以便能有切身体会。尽管孩子们尚还不会书写，甚至尚不识字，大人们也会让他们体验运笔的感受，缓慢悠长，却稳妥细致。到了近代，日本在大班级的教学过程中，这类手把手的教授方式逐渐减少，但偶尔也会见到。除此之外，行礼、书信和射箭等学识以及借助枕头练习背孩子等习惯，都是手手相传的，并力求身正体端。

除了上层阶级的孩子，其他的孩子在入学前，便时常和周围的小伙伴们一起玩耍。农村的孩子们未满三岁就会有一起玩耍的小团体。在城市或小镇里，孩子们会在人头攒动、车水马龙的街巷中跑来跳去。他们有着“特权”，可以在店铺周围兜兜转转，抑或站在一旁听人聊天，抑或踢着小石头和皮球。农村的孩子们常常在村中的神社里聚众游乐，神会庇佑他们自由安全。入学前，甚至入学后两三年，玩耍的小伙伴是不论性别的，不过大部分孩子最亲密的伙伴依然是同性，尤其是同年龄段的同性小孩。同龄朋友所结成的小团体，通常会延续一生，尤其是在农村，延续性远比其他团体要强得多。比如在须惠村里，年长之人“在性关系日益削减时，和同龄朋友的聚会成了最有乐趣的事，正如须惠村的俗语：‘同龄人比妻子还要亲近’。”

在学龄前的小团体中，孩子们彼此之间是无拘无束的。西方人觉得，日本孩子的游戏里有很多显得颇为猥琐，但他们做起来并不觉得羞怯。孩子们对性的认知，来自于大人们的肆意谈论，也受到狭窄的居住环境的影响。此外，母亲逗孩子玩，或是给孩子洗浴时，还经常用手戳孩子的生殖器官，特别是男孩的生殖器官。日本人通常不会对孩子们的性游戏进行责骂，但要求他们注意场合与对象。他们也不认为手淫具有危险性。

小伙伴们会彼此随意揭丑和炫耀，虽然对于大人来说，揭丑无异于羞辱，炫耀也会激发出羞耻心，但对于孩子们这样的行为，人们却很淡然地表示，“孩子不懂何为羞耻”，还说“所以他们才这么快乐”。小孩子与成年人之间的审视标准，是天壤之别的，若是说成年人“不懂廉耻”，那是十分严重的责骂了。

这个年龄段的孩子们总是爱相互攀比家庭与家产。父亲是他们特别喜欢夸耀的话题对象，他们常常说：“我爸比你爸厉害”“我爸比你爸聪明”之类的话，争执不过还会动起手来。这样的行为，美国人认为是小事一桩，但日本孩子们口中所言，其实与现实中他们耳濡目染的事情大相径庭。大人们都很谦卑，称自家为“敝宅”或“寒舍”，说到邻居家则改口为“府上”或“贵府”。在日本，孩子们从幼儿期结识玩伴，直到九岁前后的这些年里，个人本位主义思想是十分强烈的。有时候，他们会为了谁在游戏里扮主君而争论不休，有时候会自夸自炫，损人利己。反正，这个时期的孩子想怎么说都行。但当他们渐渐长大，他们会慢慢懂得，有些话说不得，于是变得安静起来，不问不说，也不再攀比和炫耀了。

孩子们对神灵的态度，是在家中形成的，而不会受到神官或者僧侣们的教导。通常情况下，孩子只会在民族节日或者祭祀日的时候，被组织起来接受神官洒下的祓灾水，算是与宗教有所接触。在特别重要的祭祀日里，部分孩子会有机会参加佛教仪式。对孩子们来说，最常接触的，也是印象最深刻的宗教经验来自于家庭的祭祀活动——以家中的佛坛或者神龛为中心而举行。佛坛上供奉着家族祖先的牌位，以鲜花、香火和树枝相伴，这在日本家庭中是特别重要的部分。佛坛上的食品是每日供奉的，家中年长者每日跪拜，向祖先汇报近来的家庭大事。到了傍晚，佛坛上点起盏盏油灯。日本人总是说，不愿外宿，因为每天不完成这一系列的祷告，会感到不安稳。神龛上供奉着从伊势神宫中请来的神符等物件以及各式供品。在日本的厨房里，灶神被熏得黝黑，窗上和墙上都贴着很多保家人平安的神符。村中的“镇守神殿”也很安全，毕竟被慈悲的神灵们所镇守着。母亲爱让孩子们到神殿里去玩，孩子们从不会害怕神灵，当然他们的行为也并不需要为符合神意而刻意为之。神灵不是当权者，他们接受人们的祭拜，而后将福祉散播人世。

入学两三年后，男孩们开始了真正的训练，他们的生活模式被接入成年人的谨慎轨道。此前，孩子们会被要求学习自控。太过顽皮的孩子会被“治疗”，以某种方式分散其注意力。虽然会受到和颜悦色的规劝和偶尔的嘲讽，但他们依旧被允许随心所欲，甚至粗鲁地对待母亲。孩子们以自我为中心的思想仍在不断滋长，在刚入学不久时变化不大。入学头三年，男孩和女孩会在一起上学。老师们，不分男女，对他们都很亲切，且平等相待。然而，不论是学校还是家庭，都告诫孩子们，勿让自己难堪。孩子们还小，不懂得“羞耻”，但至少应该让他们明白，不能让自己难堪。就好像《狼来了》的故事，愚弄他人，以至于让自己信誉尽失，无疑是十分难堪之事。很多日本人都认为，孩子们犯错时，最先受到的嘲讽出自同学之口，而非老师或者家人。这是实话，因为这个阶段，家中长辈的工作并非嘲讽孩子，而是将“嘲讽”与道德教育相结合，让孩子慢慢懂得，必须要依照“对社会的情义”来生活。到了六岁左右，孩子们会听到忠犬报恩一类的故事，接受故事中所倡导的种种义务，此时，生活开始有了一系列的约束。长辈告诫他们，“再这么下去，你会被世人耻笑的”。规则繁复，大多数关乎礼节，且针对不同的情况有着众多特殊要求。总的来说，所有的规则都是在要求孩子们，把个人意识降低，服从于对他人，对家国的义务。他们必须要懂得自我克制，了解自己身上的“债务”，明白自己正渐渐走上负恩的道路之上，若是想要还清，就不得不慎重行事。

对成长中的男生而言，他们的地位改变了，在幼儿期所接受的“嘲讽教育”被郑重的教育方式所替代。八九岁大的男孩，有时候在家里会受到真正意义上的指责与排斥。当家人从老师那里得知他们不听话，或行为不佳，又或者是操行不合格时，便会对他很冷淡。当被店家指责顽皮滋事时，他们便会被贴上“辱没家门”的标签，受到全家人的批评。与我相识的两个日本人，都在十岁左右被父亲赶出家门，且羞于投奔亲戚。他们在学校里被老师处罚，只好在户外的棚子里待着。母亲找到了他们后，经过一番调停，他们才被允许回到家里。在小学高年级阶段，男孩子们时而会被关在家中自省悔过，认真写着日记。日记是日本人备受重视之事。总的来说，他们被家人视为家庭的社会代表，如果受到社会非议，便会被家人反对。违背“对社会的情义”后，家人不会支持他们，同龄人也不会支持他们。一旦犯错，他们便会被同学们排斥，除非道歉并发誓不再犯，要不然就会被孤立。

这和杰佛里·格拉所说的一致：“值得特别强调的是，社会学观点认为，上述各种约束与通常情况极为不同。在大部分拥有宗族或宗派组织的社会里，如果组织成员受到其他组织成员的责难和打击，这个组织往往会群起维护他。如果成员能够继续得到组织的认同，在必要的情况下，或遭受攻击之时，他便会勇于与外部力量做斗争，因为他坚定地认为组织会支持自己。但在日本，恰恰相反。组织成员必须先得到其他组织的认可，才会获得本组织的支持。一旦受到本组织外人士的反对或斥责，本组织也会对他表示反对，并予以惩罚，除非他能想办法让其他组织收回非难。基于此，日本社会对外部认同的重要程度，是其他社会难以相提并论的。”

在这个阶段以及之前，女孩所接受的教育与男孩在本质上是一样的，只是细节有异。在家里，女孩所受的约束和所做的事情都比男孩多，尽管男孩有时候也被要求照顾小婴儿。在接受礼物或关爱方面，女孩始终位居最末。她们的性格也不被允许如男孩那样顽劣。不过，总的来说，亚洲的少女们所拥有的自由度是很大的。人们允许女孩穿着鲜艳，允许她们和男孩玩耍，也允许她们有好胜心。幼儿期的女孩同样不懂羞耻，从六岁开始，直到九岁，她们对社会责任渐渐有所体悟，其状态与男孩无大差异。在九岁之后，男孩女孩会分班上课。男孩们关注并建立起男性友谊，开始排斥女孩，不愿被人看到自己与女孩讲话。女孩们也被母亲劝诫，勿与男孩交往。在日本，这个年龄段的女孩们是很难教育的，她们时常感到抑郁，也不喜欢外出活动。女孩们的幼年时期在男孩们的排斥中落下帷幕，这意味着——无忧无虑的童年结束了——日本女性如是说。此后许多年，女孩们将走在“自重再自重”的人生之路上，永无休止，不论订婚还是结婚。

男孩们渐渐领悟到“自重”与“对社会的情义”的意义，但此时，他们尚未完全明白日本男人肩负的所有义务。日本人认为，男孩到了十岁就要开始学习“对名分的情义”，要深知受辱可憎。男孩们还被教授相关的一系列规矩：在什么情况下可以直接攻击，在什么情况下应该挽回名誉。我认为他们这么做并非是在教孩子们，受辱时要予以反击。毕竟日本男孩在幼年时期就已经对母亲粗鲁有余了，还与同龄孩子相互争执打击，完全不需要在十岁左右专门学习“攻击”。不过，“对名分的情义”拥有的众多规则，是十几岁的少年必须服从的，他们所做出的攻击需要被约束在公认模式之内，并需要采用特定方式。如同我们前文所谈及的，在日本，人们总把攻击矛头指向自己，而非对他人施暴。对这个年龄段的孩子来说，也必须如此。

日本的小学是六年制的，中学升学率大概在15%左右，男孩占比较高一些。日本的中考尤为激烈，涉及各个学科，对于每个学生而言，“对名分的情义”的责任即将落到他们的肩上。面对竞争，他们毫无经验，因为不论在家里，还是在小学阶段，竞争程度都被刻意压到最低。考验是突如其来的，加剧了竞争的激烈性，也令人更加忧心忡忡，孩子们更加关注名次，也开始怀疑他人是否有内情之类的情况。然而，日本人回忆旧事的时候，谈及更多的并非竞争的惨烈，而是在中学里，高年级学生欺压低年级学生的事情。这种欺压似乎是一种风气，高年级学生总是趾高气扬，想方设法欺负低年级学生。他们逼迫低年级学生进行各种表演，捉弄他们，让他们受辱。对此，低年级学生时常心有积怨。在日本，男孩们并不会把捉弄视为玩笑。如果一个男孩被高年级学生逼着屈膝下跪，或是在地上爬，他一定会耿耿于怀，力求事后报复。而这种报复又绝非能在当下进行，于是他的怨念更甚，牢记于心。这种事在他们看来事关“对名分的情义”，触碰了道德底线。在此之后很多年，他可能会借助家族势力，令对方失去职位；也可能会勤练柔道或剑术，在大庭广众之下让对方脸面尽失。反正，此仇未报，心事难了，这也是日本人崇尚复仇的主要原因之一。

没能顺利通过中考的男生，入伍后会遭遇相同的处境。在日本，青年男性被征兵的比例是4:1。在日本军队里，二年兵对一年兵的欺压程度远甚于中学里的欺压。这些事情军官们从不过问，只有在特殊情况下，士官会稍加干涉。日本军规第一条即规定，向军官申诉有失体面，一切争端皆由士兵们自行处理。这被视为锻炼队伍的方法之一，军官们绝不会参与其中。二年兵把头年积怨统统发泄在一年兵身上，对一年兵各种欺辱，以此彰显自身经受磨炼的程度。普通男生在接受了军事化训练之后，几乎都会被完全改变，成为真正意义上的崇武好战的国家主义者。导致他们做出转变的，并非是崇尚集权主义的国家理论，也非忠诚于天皇的国家精神，而是刻骨铭心的屈辱体验。这些男生在家庭中接受的是日式教养，敏于“自尊”，当他们陷入军队环境时，轻易地就成了野蛮之徒。他们认定屈辱不可忍，并把所遭受的折磨视为排斥，这让他们摇身一变，对折磨他人之事尤为上心。

无疑，在日本中学和军队中所出现的这些现象，其性质都与传统的嘲讽和侮辱习惯相通，而非在中学和军队中横空出世。基于“对名分的情义”的传统要求，日本的嘲讽行为所达到的折磨效果远甚于美国。虽然受辱者所在的组织，总会有机会对嘲讽者所在组织一一进行报复，但依旧无法避免，受辱者会不择手段地报复对方，这和其传统模式是相符合的。很多西方国家的民间传统是将愤怒发泄在替罪羊身上，但日本人不会这么做。如果是在波兰，新学徒或者年轻的收割人遭遇了嘲讽，他们不会将愤恨指向嘲讽者，而是指向下一代学徒或收割人。在日本，也会有少年采用这样的方式发泄愤恨，但复仇依旧是他们最关心的。只有进行了直接的报复，受辱者才会感到痛快淋漓。

战后重建事关重大，心系日本前途的政要务必要高度重视日本学校和军队的欺压风气才行。应该宣导“爱学校”“爱同学”的精神，消除欺压恶习。在军队里，虐待新兵的行为必须要严令禁止。尽管新兵需要接受老兵的严格训练，但理应按照各级军官所要求的那样去进行，真正的严格要求对日本人而言并非侮辱，但嘲讽和虐待则一定是。不论是在学校，还是在军队里，一切羞辱低年级学生或新兵的行为，比如学狗爬、学蝉叫，或者在用餐时间倒立，等等，都必须严加处置。如果能在这些方面做出整改，对日本的再教育势必更有效用，定然强过否定“天皇神圣不可侵犯”，或者从课本中删除国家主义思想。

对于日本女孩而言，她们无须学习“对名分的情义”规则，在中学中不会遭遇欺凌，也不会经历军队里的折磨，就连类似的体验也没有——生活比男生安稳得多。自懂事之初，她们就被教导：无论何事，男性为先，不论是礼物还是关爱，她们都只能居于末位。人们不允许女孩公开表达自我观点，这是她们必须严守的生活原则。不过，在婴幼儿时期，女孩享有与男孩相同的生活特权。她们在小时候是可以穿着鲜红衣裙的，但长大之后便不被允许，直到六十岁之后，进入第二个特权时期后，才又可以穿上。她们在家里也会受到母亲和祖母的双重宠爱，尽管婆媳关系很紧张。此外，日本家庭中的弟弟妹妹们总希望能和姐姐同睡，以此保持最为亲密的关系，就像对其他家人也会有这样的愿望一样。女孩们也时常将祖母的礼物分享给小弟弟或小妹妹们。在日本，人们不喜欢独自睡觉。入夜之后，孩子们会抱着被子挨着自己喜欢的长辈睡觉。最亲密的关系，时常表现为两人的床紧紧相靠。九岁、十岁大的女孩们，被男孩们排斥了，不过她们会从其他方面获取补偿，比如炫耀新发型，等等。在日本，十几岁的女孩的发型最为考究，而此时，她们已经被允许穿着丝质衣物，在此之前，她们的衣物都是棉质的。家人们也会尽力为她们装扮，使她们光彩熠熠。从这些方面，女孩们获得了一定程度的满足感。

不过，繁多的约束依旧萦绕在日本女孩身边，她们必须要主动担负起各种义务，而非在父母的强制之下行动。日本的父母们不会体罚女孩，他们通过耐心的期待来行使家长权力，盼望女儿遵循要求而生活。对于这种教育方式，有这样一个事例，虽然极端，但值得一提，从中我们看到了，日本女孩所接受的教育并非特别严格，看起来就像拥有某种特权，但其实都属于“没有权威”的表现。稻垣银子自六岁起便开始接受汉文课程，她的老师是一位知识渊博的儒家教授：

“课程有整整两小时，在此期间，老师只会用嘴讲授，或动一动手，别无动作。我端坐在老师面前，也一动不动。某次上课时，不知哪里不对劲，我微微挪了一下身体，屈膝的角度有了些许偏差，就立马看出老师略有不悦。他将书本轻轻合上，缓慢但严肃地说：‘显然，你今日的心绪于学习无益，请回到房间多加思量。’我感到羞愧万分，却不得不尊崇师命。我向孔子像行完礼之后，又向老师行礼致歉，而后恭敬地从书房退出。我战战兢兢地走到父亲面前，照例向他汇报上课情况。父亲大吃一惊，毕竟还没到下课时间，他说：‘你学得这么快呀？’这句话说得毫不在意，与我而言就像是丧钟，直到如今，只要一想起此事，心中依然会隐隐作痛。”

杉本夫人曾在别处记叙过祖母的生活，让我们一目了然地看到日本父母最显著的一个特点：“祖母是和蔼可亲的，但她希望家人们都能按照她的想法行事。她从不斥责，也不争辩，但她的希望如真丝般柔韧，使这个小家族沿着她认为的正确方向前进着。”

“如真丝般柔韧”的“希望”收效甚好，究其原因，其中之一是在日本家庭中，人们对每一种艺能与技术的训练都做出了十分明确的规定。女孩子必须要学会习惯，而非规则。孩子们在幼儿期要学习正确使用筷子，入室的正确姿态等，等到成年后，还要继续学习茶道与按摩。这些技能都由长辈亲自指导，晚辈们必须勤加练习，直至娴熟无误，最终成为习惯。日本的长辈们认为，不能指望孩子们以后能够自然形成正确习惯。杉本夫人的笔下曾有过关于她订婚后生活的描述，她在十四岁的时候订了婚，开始学习如何侍奉未来丈夫的饮食起居。她此前从未见过未婚夫，并且未婚夫身在美国，而她生活在日本越后。她在母亲与祖母的监督下，几番“亲自下厨，做了几样听我哥说，松雄（未婚夫）尤为喜爱的食物。我幻想他就坐在我身边，为他夹菜，劝他先吃。就是通过这样的方式，我学着如何关切未来的丈夫，让他开心舒坦。祖母和母亲也总是假装松雄在那里，有意无意地问东问西。我会特别留意自己的着装和言行举止，就好像他就在屋里一样。就是这样，我学会了尊重丈夫，也尊重自己身为其妻的地位。”

对于习惯的训练，男孩也要通过模仿和实践的方式来进行，但不若女孩那般严格。对习惯进行了学习后，就不能有所违背。青年时期之后，他们便要依靠自身的主动性去创造生活了。比如，示爱的习惯是不会从长辈处学到的，在家庭中，任何示爱的行为都被禁止。从九岁、十岁开始，没有亲缘关系的男女不允许同席。按照日本习俗，在男孩对性萌生兴趣之前，他的婚事便已被父母定好。所以，在日本，害羞是男孩对女孩的最佳态度。农村里的人们经常拿这种事情笑话男孩们，让他们始终表现出“害羞”的状态。当然，男孩们最终还是得自己去学会。一直以来，在日本的偏远之地，很多女孩，甚至是大部分女孩都会未婚先孕。婚前性行为并不是什么人生大事，父母在约定婚事的时候，也不会在意。不过到了现如今，就连女仆也会接受相关教育，懂得守护贞洁，这从一位须惠村的日本人口中得到证实，他便是这么告诉恩布理博士的。升入中学后，男生不被允许和女生有所交往。在婚前，两性之间交往过密的行为被日本舆论和教育制度竭力控制着。在日本人眼中，电影作品里那些随意对女性表现出亲昵举动的男生是不良之人，而优秀的男性所应当表现出的，则是在美国人看来属于冷漠或粗犷一类的态度。男生若是对女性表现出亲昵，会被视为“放荡”，或是被看作是时常追求艺伎、荡妇之人。艺伎馆是学习情色之事的最佳场所，因为“艺伎会教会你，男人只需要袖手旁观。”男人无须担心自己的笨拙，也不能企图和艺伎翻云覆雨。当然，到艺伎馆去的日本男生很少，大部分男生会走进咖啡馆，看别的男女如何亲昵。这种生活观察和他们以往所接受的其他方面的训练是很不同的。

在很长一段时期内，男孩会对自己的笨拙感到担忧。在他们的生活中，只有极少数领域的事情是不用接受长辈亲身教诲而学成的，性行为便是其一。上流社会的家庭里，男女新婚之时会获赠《枕草子》，里面绘有各式姿势。对此，一位日本人是这么说的:“通过翻阅图书便可学成，就像布置日式院落一样，父亲并不会给出指导，这些事到了一定年纪自然会学会。”日本人把性行为视为园艺一般的事情，认为书中自有答案，这实在有意思，当然，现实中，大多数日本的年轻人对性行为的认知都来自别处。无论怎样，这种事情，他们无法从长辈那里获得悉心教导。因为与其他领域的训练方式有所不同，日本的年轻人坚信，性之事无关人生紧要，属于另外一类范畴，因此不需要长辈们亲自教导，也不需要反复练习以养成习惯。在他们看来，性所属的领域是可以通过自我把控来获取满足感的，尽管他们会感到不安与迷茫。在不同的领域中，自有不同的规则。

因此，婚后的男人们完全可以外出寻欢作乐，尽行鱼水之欢，不但不会被视为对妻子权利的侵犯，而且不会被视为对家庭关系的威胁。

妻子们则没有这样的权利，她们必须忠贞不渝，这是对丈夫的义务。若是偶尔被诱惑，必然不得公开，但日本女性的暗藏私情往往会被发现。如果有女性总是疑神疑鬼，或是心神不定，便会被当作患上了癔症。“性生活是日本女性最难以承受之处，而并非是社会交往。许多精神异常的女性，以及癔症女患者，病因都是性生活的不协调。女性若想满足自身性的欲望，只能依靠丈夫。”须惠村的村民们说，大部分女性患者的病“都是引发自子宫”，然后延伸到大脑。假若丈夫沉迷于其他女色，妻子便会选择手淫，这在日本是被认可的。不论是身在乡村，抑或出身高贵，日本女性都会私藏传统的自慰工具。乡村女性在生育之后，便被允许随意谈论性事，但在此之前，和性相关的下流话绝不得出口。结婚生子之后，在各种男女聚会的场合，不入流的玩笑是常有的事。不仅如此，她们还会附和调情小曲的节奏搔首弄姿，肆无忌惮地跳起情色之舞，为席间之人助兴，而宾客们定然也会满堂哄笑。当男子服满兵役回到须惠村时，村民们都会赶到村外为他们接风，其间有穿着男装的女性，和退役男子开着下流玩笑，而男子还会假装出要施与强暴的样子。

如此说来，在性的方面，日本女性也拥有某种自由，出身越卑微，自由度反而越大。女人们一生之中，大多数时候都要固守众多禁忌，但两性之事并不在列。在满足男性欲望之时，她们既放荡又克制。当她们进入成熟阶段时，便会对禁忌视而不见，而出身卑微的女人们，其放浪形骸的程度绝不低于男人。在日本，人们对女性行为的要求是视情而定的，年龄或是场合等都是其中的重要因素，而女性也不需要让自己的性格成为一潭死水。他们的观点确实和西方不同，在西方，人们只有“贞洁圣女”和“淫乱荡妇”两种分类标签。

男人们也会根据不同场合采取不同的言行举止，有时会放肆，有时会克制。对于日本男人来说，和男性友人喝酒买醉是最大的乐趣，如果能有艺伎作陪，就更是锦上添花。日本没有禁酒令，人们无须对饮酒有所节制，通常还很乐于买醉。三两杯清酒入口，平日的严谨拘束便会被卸下，众人相倚相靠，这是他们最喜爱的姿势，可以更加亲密。醉酒之人，只有极少数会惹是生非，显得难以相处，此外，很少会看到因醉酒而引发的粗鲁举动或暴力事件。日本人认为，饮酒属于自由领域之事，而男人们绝不可以越出此类领域，做出令人厌恶的事来。当一个人生活的重要领域被他人诟病、厌恶时，这种责备仅次于被人骂作浑蛋。

对于理解日本人性格中的所有矛盾之处，我们能够在其儿童教育方面找到一些线索。在这样的教育方式下，他们的人生观产生了两面性，当然，无论哪一面都异常重要。幼年时期的生活被赋予了特权，孩子们备受娇惯与放纵，而后需要接受各式训练，期间仍然保留着“不必懂羞耻”的幼年美好记忆。他们不需要畅想未来的美好生活，因为他们已经经历过。在回忆童年时，他们会说人性本善，众神灵大慈大悲以及身为日本人是至高无上的光荣。他们似乎很容易把道德观念变得很极端，认为人人都有慧根，生后皆成神佛。因为抱有这样的观念，他们总是异常自信，也异常顽固，愿意尝试一切工作，不论自身能力如何。他们坚持自己的想法并勇于验证，敢于反对权威，甚至以死谏言。不过，当这种自信过了度，就成了社会性的狂妄。

日本孩子到了六七岁，开始逐渐接触和学习很多责任，比如言行谨慎，心知廉耻，等等。他们会背负巨大的压力，一旦稍有差池，就会遭到家人反对。虽然这种压力并非普鲁士式的命令律法，却无从躲避。幼年时期的孩子虽然拥有特权，但人们依然会为此类必行义务打好基础，通常表现在两方面：一方面是，父母会顽固地训练孩子大小便，并对孩子的各种姿势予以纠正；另一方面是，父母总是嘲笑孩子，甚至会用“抛弃”来吓唬孩子。孩子们经历了这些事情之后，多少都为未来严格的义务或责任做出了准备，以避免被社会嘲笑或抛弃。未来，他们要克制幼年时的自由冲动，不能再毫无拘束，也不能肆意公开宣言。这并非因为幼年时的冲动行为有错，只是因为他们必须因时制宜。严谨的生活正等着他们，幼年的特权被渐渐收回。尽管被许可踏足成人世界的享乐天地，但对他们来说，幼年经历已深入骨髓，并不会消失，并继续为他们的生活哲学提供着经验，也让他们从心理上接受了“人情世界”。当他们成年后，幼年时期的体验就只能发生在所谓的自由领域之内了。

在日本，孩子们的前期生活和后期生活有着显著的连接性——获取同伴的认可。这个连接性的意义十分重大，虽然并非必须遵从的道德准则，但在孩子们的思想中根深蒂固。在前期生活中，一旦孩子们懂得如何撒娇，便被母亲允许同床而睡，他们开始拿自己与兄弟姐妹做比较，比如得到的点心是多是少，以此推断在母亲心目中，自己的地位究竟如何。他们可以轻易地觉察出自己是否遭受冷遇，甚至会问姐姐：“你最疼爱的人是不是我？”在后期生活中，他们的满足感来源有所改变，逐渐抛弃了对某个人的欲求，更期望得到社会的认可与欣赏，与此同时，他们也会遭到被嘲讽的惩罚。在大部分文化中，人们都会施加这样的压力以教育孩子，只是在日本压力更甚。在孩子们看来，被母亲嘲讽，或是被母亲扬言抛弃，相当于被社会嫌弃。他们终生都会认为，被同伴排斥是比挨揍还可怕的事情。害怕嘲讽与排斥的感受时刻威胁着他们，令他们敏感至极，以至于想一想都觉得恐怖。其实，在现实中，日本社会的私密性并不太好。日本房屋因为其结构原因，墙壁通常很单薄且隔音不佳，在白天更是门庭敞开，一些家庭无力修葺围墙或院落，个人生活便不得不公之于众。这样一来，个人行为基本上众人皆知，若是得不到认同，便会被排斥。

日本的儿童教育并不连贯，这造成了人们性格的两面性，这一点从一些象征性的事物中可以得到验证。在幼年时期建立起的自我是“不懂廉耻”的，成年之后，人们便会时常照着镜子，审视自我还保留着多少童真。他们认为，镜子“折射出恒久不变的纯洁”，不会滋养虚荣之心，也不会映照出“妨我”，只会让人看到自己灵魂深处的模样。从镜子里，人们与那个“不懂廉耻”的自己重逢了。眼睛被视为灵魂的窗户，帮助“不懂廉耻”的自己在镜子中继续生活下去。理想中的父母形象，也可以从镜子中被窥见。基于此，有人到哪里都会带着镜子，也有人在家中神龛上架起一面特殊的镜子，以便随时审视自我，洞察灵魂。这种方式被他们称为“自我祭拜”，虽不常见，但也不麻烦。在日本，每家每户都会把镜子作为一种神器，放置在神龛上。日本电台在战时曾专门为几位女学生点播了一首歌，以赞扬她们自筹资金购买了一面镜子，悬挂在教室之中。对此举动，日本人并不觉得是出自虚荣之心，反而认为这是发自内心深处的献身精神。总之，在日本，照镜子被视为审视崇高精神的外部行为。

日本人在接触和培养“观我”概念之前，就已经对镜子甚有好感。在照镜子的时候，他们是看不见“观我”的，但却能看到童年般的自己，天真善良，不必以羞耻作为训导。镜子所赋的象征意义，为自我修行、力求“圆熟”的观念打下基础。日本人通过持久的自我修行，召见内心，希望能找回童真。

幼年时期的特权生活深刻地影响了日本人的思想，尽管如此，他们也不觉得后来所受的各种以“耻”为基础的道德约束，是在剥夺自己的特权。我们在前文提及过，自我牺牲的概念源自基督教，时常被日本人攻击，更不被他们承认。在日本，临死前他们会说，自愿尽忠尽孝，或是为“情义”而亡，但绝口不提自我牺牲。在他们的思想里，自愿选择死亡，正是所期待的目标，若非如此便会像死了一条狗一样，毫无价值。“dog's death”的英文意思是穷困致死，但在日本绝非此意。对于某些并非很极端的举动，我们也会用“self—sacrificing（自我牺牲)”来表达，但这个词放到日语里，则是被赋予了“自重”的意境。通常，“自重”带有克制的意味，两者意义相当。只有克制自我，才有可能成就一番大事。在美国，人们认为达成目标的必要条件是——自由，于生活体验迥异的日本人而言，仅有自由还远远不够。在他们的道德观中，克制是极为重要的信念，只有克制才能缔造出更高的自我价值。如果无法克制自我，便会被危险的冲动侵袭，失去控制，正常的生活也会被扰乱。对此，一位日本人曾说：

“长久以来，在制作漆器时，涂抹在胚胎上的漆越深厚，所做出的漆器就越贵重。于民族而言，亦复如是。……人们谈及俄罗斯民族时会说，‘扒开俄罗斯人的外衣，便能看到鞑靼人’；谈到日本民族时也会说，‘除去日本人身上的漆，便会看见海盗’。不过，请勿忘记，日本的漆是珍贵的，被用来制作工艺品，而非被用来掩饰丑陋，它毫无杂质，和漆器的胚胎一样美好。”

日本男性行为习惯中的矛盾性让西方人难以理解，其实这也是日本儿童教育方式缺乏连贯性而造成的。男人们对幼年时期记忆深刻，在那时他们拥有肆意放纵的小天地，自己就是这天地间神一般的存在，不论什么愿望都能实现，就连随意攻击他人也是被允许的。尽管记忆的画面会渐渐模糊，但绝不会消失不见。这是我们所谓的二元性，在他们的性格中固若金汤。日本的成年男性，一方面沉迷于浪漫的恋情，一方面对父母定下的婚事绝对服从；既会寻欢作乐，又会勇于承担极端的义务和责任。他们软弱胆怯，但同时又充满勇气，甚至莽撞。在等级制的约束下，他们表现得完全驯服，却又不轻易接受命令。他们彬彬有礼，又目中无人。他们能够接受严格的军队训练，却又会在军队中表现出桀骜不驯的一面。他们坚定地拥护保守主义，却又极易被新事物打动，例如：学习中国传统文化，吸收西方知识技术。

日本人性格中的二元性，时常引发出他们的各种紧张感。对此，人们反应不一。每个日本人都要面对一个相同的基本问题，并要努力做出决定——幼儿时期备受放纵的经验，和成人生活中各种事关己身安危的准则，这两者应该如何协调。很多人感到头疼，不知如何是好。有的人选择如道家学派所推崇的那样，对自我生活严加约束，生怕肆意放纵会冲击到现实生活。然而这种肆意放纵的经历是真实存在过的，并非幻想，这又进一步加剧了担心的程度。这些人的心态颇为超脱，固守自我原则，并认为自身即为权威，可以提出各种要求。有部分人，意识上的分裂状态更为明显。他们内心的反抗意识日积月累，这让他们感到恐惧，为了掩饰真实想法，他们选择披上温顺的外衣。他们不愿意面对自身的真实情绪，便让自己沉溺于各种琐事之中。他们陷入毫无意义的生活模式，每天都在重复着无意识的表演。还有一部分人，因为过于沉迷幼年生活，以至于成年后无法轻松面对社会的一系列要求，并深感焦躁。他们企图依靠他人而生活，但早已过了那个年纪。一切失败对他们而言都是背叛权威，他们会惴惴不安，一切无法以常识来解决的问题和意外之事，都会让他们殚精竭虑。

日本人总是很担心受到排斥，或受人指摘，当这种担心极为过度时，便会导致某些特殊处境的出现。若非倍感压力，他们会更愿意去享受生活，也会更在乎他人情感，就像儿时被教导的那样。若能如此，那无疑是十分了得的成就。在幼年时期，他们充满自信，也未受到“耻”的重大影响。此后的人生被种种束缚围绕，皆是为了与伙伴们保持同步，同时相互间也存在着义务。在一些事情上，个人意愿会受到干涉，不过，在公认的“自由领域”之中，依然能够获得满足。日本人尤爱寄情于自然，譬如观月赏花、遥望初雪，或是在室内挂上装有虫子的小笼，静听虫鸣，又或者吟诗作赋，品茶插花，修建院落，等等。诸如此类的活动，表面上看起来不太像是日本民族的喜好，毕竟他们总是忧心忡忡，还带有侵略之心。实际上，日本人在享受生活时，内心并不烦闷。日本人在战前也曾经历过幸福的时期，乡村生活闲适快乐，人们的勤勉与其他民族无异。

不过，日本人对自己做出的要求是异常繁复的。为了不被他人排斥和指摘以及避免陷入其他的重大危机，他们不得不放下个人享乐，尽管这享乐可能才刚刚开始。他们认为，面对人生重大之事，享乐之类的冲动是必须要克制的。也有极少部分人会违背这样的准则，他们极有可能会颜面尽失，尊严尽毁。自重之人的生活原则并非对“善”与“恶”笃思明辨，而是努力达到他人期望，不让他人感到失望，个人意愿被深藏于心，他们选择以社会期望为重。在日本，这样的人被视为“善”的人，因为他们知耻且慎行，能光耀门楣，为故土与祖国增加荣光。由此而带来的紧张感是极为剧烈的，就像是某种巨大能量，推动着日本走上东方领袖之国以及世界强国的道路。但对于普通民众而言，此种紧张感只会是一种难以承受的负担。人们的精神总是处在高度紧张的状态，患得患失，担心失败，生怕工作受到忽视，要知道，他们会为工作做出很大的牺牲。紧张感日积月累，内心积郁已久，最终还是会爆发，做出极端的攻击行为。在美国，人们被激发起攻击行为的原因，基本上都是源自自我想法，或是为自由而战，但在日本，是由于人们感觉自身遭受了羞辱或诋毁。在这种时刻，日本人内心里那个危险的自我，很可能会跳出来将矛头指向“敌人”，若无法指向“敌人”，便会指向自己。

无疑，日本人付出了很多代价，为其生活方式埋单，并自愿放弃了众多自由，乃至最基础的自由。在美国，这些自由就像空气一样，被看作理应存在之物。不过我们必须承认，日本于战后也开始追求民主了。如果其行动能够自由无阻，毫无顾忌地进行，那么他们必定会欣喜若狂。这从杉本夫人生动的记叙中可以得到验证，她曾就读于东京的一所教会学校，在攻读英文的同时，还被允许随意种植花草树木，这让她深感惬意。

“我可以在这片田园里随意种植，这让我对个人权利有了新的感知。……我很震惊，原来人能够感受到如此这般的幸福。……我这类人，从不违背传统准则，败坏家族名誉，不会惹恼父母老师或者是邻居们，也不会伤害世间万物，如今居然也可以自由行事。”

其他女生都会选择种花，而杉本夫人却选择种植土豆。

“没有人能懂，这个看似可笑，而且不够审慎的行为让我感到无比自由，我的心扉被自由之神叩响。”

真是一个新世界。

“在我家的院落里，特意保留着一块蛮荒之地，拥有天然之美和山野情趣。可是总会有人为松树修枝，为篱笆做修饰。每日都会针台阶和松树下扫得干干净净，然后将采集来的新绿松针铺在上面。”

在杉本夫人看来，这种人为打造的山野情趣，象征着她所接受的教化——伪装出的精神自由。在日本，此类伪装比比皆是。在日式院落里，半埋于土中的巨型石块都是细心挑选过的他山之石，并且底层还铺有小石子。巨石坐落的位置与院落中的泉水小瀑、亭台楼阁以及花草树丛都要相互映衬。菊花被种植于盆内，每年都会送至各地的菊展。盆栽菊花的每一枚花瓣都会被精心修正，既要展示出优美的姿态，又不能露出其间的金属线圈。

杉本夫人把花间的线圈摘掉，她似乎重获了纯真，心情无比激动与欢愉。盆栽菊花的花瓣总是被人肆意摆弄，在恢复了自然状态后，看起来愉快了很多。然而，在当今的日本，若是不顾及他人期许，质疑“耻”之压力，这样的自由理念，很可能会将原本就很微妙的生活平衡打破。在新形势下，日本人必须学习新的制衡方式。任何改变都势必要付出代价。新观念和新道德体系的建构是很难的。西方的人们并不认为日本人会马上采用新的道德体系，且做出转化，为自己所拥有。当然，并不排除日本最终能够构建出较为自由和宽容的伦理体系。在美国生活的“新生代”日本人，对日本传统道德规范的认知与实践已经逐渐缺失，他们已不再固守父母一辈的日本传统习惯。对于日本本土的人们来说，在新时期改变传统的生活方式，不再对自我克制做出过于严苛的要求，也是有可能的。菊花的金属线圈是能够摘掉的，离开人为的设计，花儿依旧摇曳生姿。

精神自由的扩展定然会经历过渡阶段，日本不妨利用一部分传统观念来维持社会稳定。譬如“自我负责”的观念，也就是日本人常说的，自己亲手拭净“身上的锈”。他们把身体比喻成武士的刀，保持刀的光彩是武士的责任，于人而言，一切自身行为的后果都必须自己承担，不论导致失败的原因是自身缺点，还是意志不坚定，抑或是本身就毫无可行性。日本文化中的“自我负责”，其严格程度远超过美国文化。从这个层面上来讲，刀，并非象征战斗，而是象征理想，象征勇于自我负责之人。这样的德行观念，如果运用到推崇个人自由的社会当中，将会起到极为有效的平衡作用。“自我负责”的德行观念已经被融入日本精神当中，并通过儿童教育和生活哲学的灌输，在日本人心中扎根发芽。如今，在西方人看来，日本已经宣告投降，然而日本的传统思想定然会使他们继续奋进下去，想办法让那把刀一直熠熠生辉。用他们的话来说，这把刀是一种象征，就算是在和平与自由的年代，也要被精心保存。

第十三章　投降后的日本人

美国人坚定地认为，战败国日本所接受的美国管理颇有成效，对此他们深感自豪。1945 年 8 月 29 日，美国通过电台发布了相关政策，即美国国务院、陆军部和海军部一起下达的联合指令，麦克阿瑟将军负责执行，并出色地完成了任务。然而，这件本来让美国人骄傲的事，却被美国舆论搞得混沌不清，各种党派性质的褒奖与批评层出不穷。对于既定政策到底恰不恰当，只有极少数对日本文化理解深入的美国人才分辨得清。

日本投降后，两国之间最关键的问题在于占领的形式。战胜国是否应该保留现有的日本政府以及天皇，并对其加以利用，或是直接予以废除？对日本地方的管理与指挥，是否应该委派美国官员？此前，对德国与意大利的占领方式是，在其各地区设置盟军军政府。这个机构不仅是现役部队的组成部分，同时也负责管理地方行政事务。对于战败国日本，太平洋地区的盟军军政府长官打算还是照此方式行事。对于自己手里到底还能留有多少权责，日本人心中无数。波茨坦公告只是宣布了："日本领土范围内，凡是被盟国指定的地区都必须服从占领，以保证我们在此所表示的根本目标”以及，日本永不得“欺骗和误导日本民众，导致他们狂妄自大，企图挑战世界威权，征服强国势力。”

麦克阿瑟将军收到美国国务院、陆军部和海军部发出的联合指令，对占领形式做出了重要决策，并获得最高司令部的全力支持。日本的战后重建工作以及国内行政事务的管理都将由日本本国来负责。“在满足和推动美国之目标的前提下，最高司令官麦克阿瑟将军将通过日本政府及天皇等各行政机构与机关单位，来行使其管理权。在最高司令官的监督下，日本政府可以正常行使管理内政的职能。”于此可以看出，美国对日本的占领形式，与德国和意大利很是不同。日本政府的各级机构被利用起来，最高司令部只会将命令传达给日本政府，而非直达日本民众。最高司令部将制定日本政府的工作目标，这是它的任务所在。假如有日本内阁成员认为既定目标不具备可执行性，他可以提出建议，若建议不错便会被采纳，最高司令部将对指令做出调整，当然，他也可以不做建议而直接提交辞呈。

不得不说，这是种十分大胆的管理方式，当然，于美国而言，其优势也很突出。希德林将军在当时就说过：“把日本政府利用起来，这样的占领形式好处多多。如果废除日本政府，就意味着我们要对一个 7000 万人口的国家进行直接管理，需要配备各种繁复的机构，而这个国家的语言、习惯和态度等，都和我们的截然不同。对日本政府进行清理，然后加以利用，可以节省我们的人力物力，还有时间。换句话说，我们要求日本进行自我整顿，而我们只用做出具体的指导工作。”

这项对日政策是在华盛顿制定的，当时依然有很多美国人对日本人的态度表示担忧，认为他们有可能会态度傲慢且满腔敌意，毕竟一个对国际地位虎视眈眈，报复心又如此之重的民族，多半会抵制任何的和平计划。事实证明，人们的担心是多余的。可能不会有其他民族会像日本这样，如此坦然地接受被占领的政策。究其原因，主要是因为日本文化的诸多特性，而非其政治、经济之类的因素。日本文化的特殊性造成了日本人性格的特殊性，所以对于这项政策，他们认为，恰是象征着日本将从战败的严峻现实中走出来，一雪前耻，同时也在推动日本实行新的国家政策。

对于议和条件是过于严格还是过于宽松，美国人一直争论不休，其实这个问题并非关键之处，我们更需要恰到好处地打击毁灭传统的侵略模式，并建构起新目标。应该采取什么样的方式，需要依据不同国家的国民性格、文化传统以及社会秩序。在德国，权威主义存在于每家每户，早已融入民众的日常生活，那么对德国的议和条件便需要以此为参考来制定。对日本和德国理应采取不同的议和条件，这才是充满智慧的。日本人和德国人对于战败的认知十分不同，日本人认为自己是世界和历史的负恩者，但德国人并不这么想，他们的奋进并非是为了还债或报恩，而是为了不让自己成为牺牲者。在德国，父亲拥有极大的权威，和别的身居高位之人一样，他们甚至说父亲是“强迫他人尊重自己”之人，如果得不到尊重，为父之人就会很不爽。年轻人总是对父亲的权威发起挑战，但当他们成年之后，却又走上了父辈的道路，最后陷入苍白乏味的生活之中。德国人一生中的黄金时期，便是狂妄叛逆的青年时代。

类似德国的极端权威主义在日本文化中并不存在。西方研究者几乎都认为，日本父亲给予孩子们的那种关爱，在西方社会很少见。理所当然，日本的孩子们觉得，自己和父亲之间存在着某种真正意义上的亲密关系，他们会公开炫耀彼此的父亲。当父亲说话的语气稍有改变，他们会立刻领悟并如其所愿，但这并非意味着，孩子们把父亲视为严厉的老师。在日本，青年时期的孩子们绝不会反对父母之命，反而会在人们面前表现出对家庭的顺从，带有强烈的家庭责任感。他们说，为了学习和训练，他们必须尊重父亲。换句话说，尊重父亲是等级制下的行为规范，“父亲”则被赋予了超越人格的象征意义。

孩子们在早期生活中，从父亲那里学到的这种态度，构建了日本的社会模式。身处等级制上层的人们，备受尊崇，但他们手中并无专权。身处等级制顶端的领袖人物也并不行使实权。不论是天皇，还是底层之人，都被隐藏在背后的势力操控着。20世纪30年代之初，东京一家英文报纸的记者曾采访过一位非正式组织领导者，该组织类似日本的黑龙会，他们的交流一定程度上说明了日本社会的这一侧面现象。该领导者说:“日本社会呈三角状,其中一角被大头针固定住了。”言下之意,三角是可见的,大头针却不可见。三角会左右晃动,但始终脱离不了隐秘的轴心。如西方人所说,一切事物都要透过现象看其本质。对专权的追逐不会浮于表面,所有行为看起来都忠诚于国家象征,而国家象征却手无实权。面具一旦被揭开,权力源头被挖掘出来,日本人就会感到深受剥削,认为与社会制度产生了冲突。

日本人对其社会的认知,使得他们在面对剥削和不义行为时,会勇于抗争,但绝不会变身为革命者。对社会组织进行破坏,这永远都不在他们的计划之列。他们能够接受类似明治维新那样的彻底的革新,但丝毫不会对社会制度做出评判。他们宣扬革新为“王政复古”,也就是重建往日辉煌——但绝非革命。对此,西方学者观点不一,一些人坚信,日本是有可能在意识形态上发起人民运动的;也有一些人夸张地认为,日本于战时出现的地下势力,会在国家宣告投降之前获得领导权;还有一些人曾预言,战后的日本会选择激进政策。显然,他们对形势的估计都错得离谱。1945 年 10 月,日本保守派领袖币原男爵当选首相,他在组建内阁时,发表了如下演讲,甚是准确地传达了日本人的想法。

“新一届日本政府将遵循民主政治体制,尊重国民意志……自古以来,天皇以个人意志反映着国民意志。这是明治天皇所立宪法之精神所在。我所说的民主政治体制正可体现此种精神。”

美国人认为，这样的解释没有一点意义。然而对于日本来说，比起直接阐述西方的政治方针，用“王政复古”之类的说辞来解释新政，将更有利于扩展国民自由范畴以及推动国民福利。

实际上，民主政治体制将在日本试运行。不过，西方制度，譬如美国制度，并非是改善世界的权威标准，不可迷信。立法机关成员由国民选举产生，这么做无疑是双刃剑，可以解决众多难题，也带来了不少麻烦。如果麻烦得不到解决，我们所采取的实现民主的方式便会被日本人改变。真到了那个时候，美国人便会觉得，这场战争毫无意义，他们始终坚信自己的方式是最棒的。当然，其实我们的担心有些多余，在日本战后重建的进程中，选举制度所占地位是次要的。日本曾在 19 世纪 90 年代进行了首次选举，但从根本上来说，没有起到任何作用。日裔作家小泉八云笔下的日本传统困境，未来势必还将重现。

“激烈的选举牺牲了很多人的生命，但与个人仇怨均毫无关系。议会上的唇枪舌剑，甚至武力相向，外人看来定会惊诧不已，但实际上大部分情况都不是个人对抗。政见之争并非个人之争，而是强藩之间、党派之间的利益之争。而藩国和党派的拥趸们，只会把新政视为一场——忠诚于领袖意志的——新的战斗。”

在 20 世纪 20 年代的日本选举中，村民们总会在投票前说一句：“把头洗干净，准备被砍头。”过去的日本，武士拥有特权，可以杀戮平民，而村民们认为选举制度如出一辙。到了今天，日本选举和美国选举依然拥有不同的意义，不管日本有没有再次推行侵略思想，我们都需要正视现实。

日本承认此前行为方针的失败，并把精力投入到新政之中，这种表现很勇敢，也为重建和平国度带来了真实能量。这也说明了日本人的伦理观是随时变化的。他们曾经企图以战争形式，让自己在世界格局中占有一席之地，失败后又迅速抛弃了这样的想法。长久以来的日式训练让他们能够接受方向性的转变。那些伦理观固执且绝对的民族，会始终坚信战斗是为了守护自身原则，战败后也会表示："我们输了，正义就此消失。"在自尊心的驱使下，他们会选择继续为"正义"而战，并为获取胜利百般"努力"。当然，也有可能，他们会为自己的罪行付出代价，并做出忏悔。日本人绝非如此。日本宣告投降五日后，尽管美军还没有人员登陆，但日本东京的《每日新闻》已经刊登出战败时评，并分析了由此而造成的政治转变。时评写道："不过，这对最终拯救日本大有裨益。"这篇时评反复强调，人们必须牢记这场彻彻底底的失败。日本企图单靠武力来发展国家，然而为此所做的一切努力都已深陷败局，既然如此，那么此后就理应为建设和平国家而奋斗。同时期，东京《朝日新闻》也做出评论，认为近年来日本的国内外政策中，最重大的错误是"对军事力量信任过度"，还评论说，"从前的态度令我们不仅毫无收获，还付出了沉痛的代价，是必须要抛弃的。我们必须要采取新的态度，致力于国际平衡，崇尚和平。"

在西方人看来，这样的转变是原则性的，他们无法理解，因此心生怀疑。但这其实很符合日本人的处世之道，不论是在人际交往上，还是国际关系上，皆是如此。如果某种行动策略无法实现既定目的，便会被视为犯下“错误”，如果策略以失败告终，便会被彻底放弃。日本人认为，坚持失败之举毫无必要，后悔是来不及的。在20世纪30年代左右，日本人崇尚武力，认为军国主义可以帮助他们在世界上获得尊重。在此种政治纲领的要求下，日本人做出了各种牺牲，却始终毫无怨言。1945年8月14日，日本天皇作为神圣不可侵犯的首领，向国民们发布了战败的消息。人们对战败及其一切后果都予以接受。对于将要登陆日本的美军，他们表示欢迎；面对侵略计划的失败，他们开始主动思考，以期能抛弃战争思想，制定出和平宪法。在日本宣布投降后的第十日，《读卖报知》刊登了社论：《迈向新艺术与新文化》，文中提道：“我们须坚信，军事上的胜负与民族文化的价值高低，属于两个不同的范畴，应该把军事上的失败转化为前进的动力。……只有经历了整个民族的惨痛失败，才能促使国民们提升自我思想，打开眼界，客观且实实在在地观察世界。从前那些扭曲人民思想的因素是非理性的，全都应该通过坦诚的解析消除掉。……我们应当勇敢面对战败的严峻事实。同时，必须对日本文化的未来，充满信心。”

这些见诸报端的社论，并不仅仅代表少数知识分子的观点。东京市民，甚至偏远地区的普通民众的思想也有了很大转变。美军难以相信，这般友善的日本民众曾人人誓死作战。日本的很多伦理观念备受美国人排斥，但占领日本期间的种种经历让美国人明白，这些另类的伦理观念绝非毫无可取之处。

美国把管理日本的权力交给了麦克阿瑟将军，也就是认可了日本改变方向的能力。美国放弃了从前欺辱的占领方式，以保证改变进程的顺利。若硬要按照西方传统伦理观念，以欺辱的方式占领日本，或许在文化上也能行得通。在西方的伦理观念中，欺辱和惩罚可以让犯错之人意识到自身错误或罪行，这种手段通常都是很有效的。认罪，是重获新生的首要条件。在前文我们曾谈到，日本人对此并不认同，他们认为，人必须要承担自我行为的种种后果，错误所致的后果能够让人自省，确保以后不再出错。当然，这些后果自然也包括战败。然而在日本，这样的情况不会被看作为屈辱，人们也不会因此恼怒。用他们的话来说，某人若要欺辱他人，或某国若要欺辱别国，便会采取鄙视、嘲讽、诋毁、污蔑以及揭短等手段。当日本人认定遭受了欺辱时，复仇便转化为道德准则之一。对此，不论西方的谴责有多强烈，美国若是想要对日本进行有效占领，不得不“依赖”日本人的自我克制。毕竟，日本人对嘲讽是相当厌恶的，并认为这不该是战败的必然后果，与解除日军军备、负担高额赔偿，等等惩罚，无法相提并论。

在日本战史上，他们曾打败过一个强大的国家。在对方宣布投降后，日本作为战胜国，并没有做出任何欺辱战败国的行为，因为他们认为，对方从未嘲讽过日本。1905 年，旅顺，俄军宣布投降。此时，一张在日本无人不知的照片诞生了。我们从照片上可以看到，战败的俄军士兵依旧被允许带着佩刀，两国士兵唯一的不同之处只是军装有异而已。这段历史被日本人广为流传，据说，作为俄军司令官的斯提塞尔将军接受了战败条件，此后，一位日本大尉和一名翻译为俄军带去了食物。在那时，“除了斯提塞尔将军的坐骑，其他马匹都已被吃掉了。当看到日本人带来了五十只鸡和一百个鸡蛋时，俄军真诚地表示了欢迎”。第二天，斯提塞尔将军和日本乃木将军的约见如期进行。“两位将军先是握了手，随后斯提塞尔将军盛赞了日本军队的骁勇……，乃木将军则对俄军坚强且持久的防御能力做出了高度评价。听闻乃木将军在战争中失去了两个儿子，斯提塞尔将军深表同情。……斯提塞尔将军将至爱的坐骑——阿拉伯纯种白马，赠予了乃木将军。乃木将军表示，尽管十分期望能收下这份重礼，但自己必须先将马献给天皇陛下，当然，他相信天皇一定会将这匹马赐予自己。他还做出承诺，如果得到天皇恩赐，他一定会加倍爱护此马，就像爱护自己的坐骑一样。”后来，乃木将军在自己住宅的前院，专门为白马修建了一间马厩，据说其讲究程度比将军本人的住处更甚，在将军去世之后，这间马厩作为乃木神社的组成部分，被保留了下来。

有人认为，日俄战争后，日本人性格大变。后来，他们在菲律宾为非作歹，犯下滔天罪行，此事举世皆知。但是对于日本而言，这样的结论太过绝对，毕竟他们能够因时因势，轻易地改变道德标准。对于这场战争，他们的观点是，其一，在巴丹战役后，菲律宾并未作为主权国宣告投降，只是部分地区宣布投降。之后，登陆菲律宾的日军投降，但其他区域的日军还在继续战斗。其二，俄国从未欺辱过日本，但在 20 世纪二三十年代，美国的对日政策中显然透露出对日本的蔑视，甚至说“压根就瞧不起日本”。面对美国排日的移民政策，在朴次茅斯和谈中的立场，第二次裁军及限制军备条约的颁布以及对远东地区的经济影响日益加剧等，日本人的反应便是如此。同时，日本对美国的种族歧视现象也做出了相同反应。于是我们说，日本打败俄国，和在菲律宾打败美国，这两次战争充分验证了日本行为的两面性，是否受辱对他们而言便是其间的分水岭。

美国迎来了最终的胜利，这让日本人的处境再次改变。和生活习惯如出一辙，在战事失败后，他们抛弃了以往的行动方针。日本的传统伦理观念，让他们努力想要一雪前耻。对日本而言，美国政策以及麦克阿瑟将军的管理，都不在羞耻的范畴之内。美国政府所坚持的事情，都属于日本人会认可并接受的战败的必然后果，显然效果斐然。

在是否保留天皇的决策上，美国做出了很好的选择，其意义相当重大。更重要的是，天皇率先拜访了麦克阿瑟将军，而非等待将军上门。天皇无疑为日本民众做出了表率，其意义的深远绝非西方人能理解。据悉，麦克阿瑟将军建议天皇对神格做出否认，一开始天皇是不愿意的，认为神格原本就不存在，现在让他做出否认，实在牵强。他坦诚地告诉将军，在日本人眼中，自己并非西方文化中的神。不过，将军还是进行了规劝，告诉他，如果天皇依然“神圣不可侵犯”，那么西方人对此事的想法，势必对日本的国际声誉有弊无利。就这样，天皇勉为其难地同意了将军的建议。1946年元旦，日本天皇公告天下，对自己的神格地位予以否认，同时也提出要求，希望能把世界各国对此事的评论都翻译给自己看一看。事后，天皇将全部评论一一过目，然后满意地回复了麦克阿瑟将军。西方人很难相信，日本天皇对此事的态度会颇为轻松。

美国的对日政策还满足了很多日本人的需求。联合指令做出了明确的指示：“对于建立在民主基础上的工、农、商等各社会组织及团体，应予以鼓励，并为其发展提供便利。”在多种产业里，日本的工人们团结了起来。曾在20世纪二三十年代时行动积极的农民组织也重整旗鼓。可以凭借自己的努力去改善生活，这一点在很多日本人看来，证明了日本从战败的后果中获益。一位美国特派记者对我说，他曾在东京看到一位参与罢工的日本工人，欣喜地对美军士兵说：“日本‘获胜’了，不是吗？”在日本，当下的罢工类似于战前的农民起义。在过去，农民起义通常是因为所交年贡过高，赋税过重，以至于阻碍了人们正常的生产活动。这些起义并非西方式的阶级斗争，对制度本身不会提出改变的要求。日本各地当下所进行的罢工，对正常的生产活动并无影响。人们最常用的罢工方式是，工人“占领工厂，工作照常进行，加大产量，这样便会让经营者感觉没面子。在一家隶属于三井财团的煤矿中，罢工的工人把管理者们统统赶出了矿井，然后将250吨的日产量提升到了620吨。在足尾铜矿的罢工中，工人不仅加大了产量，还把薪水也提升了两倍。”

尽管对日政策有着美好的意愿，但对于战败国的行政管理终究不易。在日本人的衣食住行和再教育等各方面，必然存在着十分尖锐的问题，这和是否留用日本官员进行管理并无直接关系。战争尚未结束，关于日本士兵的复员问题就开始困扰美国，尽管战后留用日本官员的策略，大大缓解了困扰的程度，然而想要彻底解决此事依然不易。对此事的操作难度，日本人心知肚明。去年秋季，日本报纸充满同情地撰写道，日本士兵们出生入死却战败而归，对他们而言，被打败的滋味是何等的痛苦。希望他们不要受到战败的影响，盲目地做出判断。通常来说，复员是战败国士兵最明智的选择，不过在同时遭遇失败和失业的双重打击后，一部分复员士兵会加入以国家主义思想为方针的日本传统秘密组织，并时常对自身处境愤愤不平。在日本，他们已经失去了往日特权。在过去，路人们会对街上一身白衣的伤残军人鞠躬行礼。在他们入伍时被欢送，退伍被接风，坐在首席之位，尽享佳肴美酒，尽赏歌舞美人。而事到如今，复员士兵们再也享受不到如此礼遇，只能得到家人们的迎接与安置，别无其他。在很多的城镇里，他们会遭受人们的冷漠对待。一切变化仿若发生于瞬间，对日本人而言，这是十分痛苦的事情。

于是，这些士兵们热衷于与旧时战友相会，追思往事，回想当年那个时代，军人身上被寄托着日本的名誉，那是日本军人的黄金时代。或许会有战友跟他说，一部分幸运的士兵，正在爪哇、满洲等地对抗盟军。然后，他们便会说："那为何要感到绝望？我要再一次冲上战场！"

以国家主义思想为方针的秘密组织在日本已经存在了很长一段时期，其宗旨是雪除污名。那些仇恨未报，深感社会不公之人，加入此类秘密组织的可能性相当高。在日本的道德体系中，如黑龙会、玄洋社等组织所采取的暴力之举，被视为"对名分的情义"，并不违规。这种暴力思想理应被消除，因此在未来的一段时期内，日本政府仍需要将此前所做的努力，持续不懈地进行下去——强调"义务"，淡化"对名分的情义"。

事实上，不仅要对人们的判断做出引导，还必须对国内经济进行重建。只有这样，才能让正当壮年之人有谋生之道，而后"各得其所"。对于农民的处境，必须做出改善。每当遇到社会经济不稳定的时期，日本人便会选择回乡，然而多数乡村都很小，且负债累累，养活不了太多人。同时，发展工业的号角是时候吹响了。从古至今，在日本的家庭中，只有长子有资格继承家产，人们对平分遗产的做法完全不能接受，因此，家庭中的其他孩子们便不得不去往城市寻求生计。

毫无疑问，日本的未来之路是漫长且艰难的。假如日本政府能节制军备方面的预算，那么提高国民生活水平还是有希望的。珍珠港事件爆发之前，大概有十年左右的时间，日本将政府收益的百分之五十都划拨为军备费用。在这样的情况下，若是对军备费用予以控制，并逐渐减轻农民的赋税，便能够为建立健全的社会经济打下基础。如前文所说，日本对农民执行的赋税制度是“四公六民”。而在缅甸和泰国，只会征收百分之十的赋税。另外，日本农民上缴的税费，最终都被花在了军备之上。

此后十年，不论是在欧洲还是在亚洲，凡事控制军备的国家，定然会比搞“军备竞赛”的国家更具优势，因为他们把精力和财力都投入到了建设健全经济，促进经济繁荣的事业当中。美国在进行亚洲政策和欧洲政策之时，从未考虑过这个问题。因为对美国来说，并不会因为巨额的国防费用而陷入经济危机，也没有遭受战争的侵袭与破坏。美国不以农业为主要产业，而另一方面，工业产能又出现令人头疼的过剩情况。产量过剩外加工业设备完善，如果不大量生产军备物资和奢侈品，不去发展福利事业，不去完善研究设备，那注定会有很多人要失业。在日本，对盈利性投资的需求日益增加。在其他国家包括西欧国家在内，所出现的情况也各有不同。虽然德国需要支付巨额的战败赔偿，不过在一段时期内德国被禁止重整军备，因此此后十年，若是法国选择扩充军备，那么德国的社会经济极有可能超越法国。同样的道理，日本也有可能超越中国。眼下，中国正以军事化作为奋斗目标，美国对此表示支持。倘若日本政府能把军备费用从预算中划掉，那么一段时期以后，繁荣的社会经济将有助于日本，确立在亚洲经贸圈中的地位。日本的经济建设将以和平为基础，努力提升国民生活水平。当日本成为和平国度，其国际声誉和国际地位都将得到提升。这项计划若是能得到美国势力的支持，日本将受益匪浅。

以强制性的方式建构自由民主的日本社会，没有哪个国家可以办到，包括美国。对于任何一个被统治的国家，此种方式从来都行不通。我们无法强制任何拥有自身习俗与观念的民族，全盘接受他国的生活模式。就算是法律，也无法让日本人接受普选的结果，无法让他们抛弃“各得其所”的观点，无法让他们自由随性地与人相处，无法让他们强烈追求独立自主，无法让他们为自己选择配偶、工作以及住处，无法阻挡他们对一切义务的狂热之情。不过，日本人已经意识到，必须要做出这样的改变。战败投降后，日本当政者表示，对于日本国民，不论男女，日本政府都鼓励其努力改善自我生活，尊重自己内心。其实他们已经开始质疑“耻”的社会能效，尽管没有说出口，但日本民众心中有数。他们希望国民们能获得新自由，不再惧怕社会的嘲讽与指责。

日本社会对个人提出的要求太过严苛，尽管人们都会自愿接受。但在社会要求下，日本人常常需要压制情感、放弃欲望，作为家庭、集体或民族的代表，接受社会审视。基于此，生活方式提出了自我修行的要求，而日本人总是全盘接收。然而，压力实在太大了，以至于他们必须要极度地克制自我，以力求收获回报。他们没有勇气要求选择轻松的生活方式，因而被军国主义者带入歧途。所付出的代价是惨痛的，但他们开始变得自大起来，对道德观念相对宽容的民族甚是鄙视。

日本迈出了社会变革的第一步——承认侵略战争的错误性——承认失败。他们期望能在和平世界中重获一席之地，但前提是得先实现世界和平。未来，若是美俄全身心地投入到“军备竞赛”之中，一旦发生战事，日本必会利用其军事思想参与其中。不过，我们应该相信，日本想要重建和平国家，是有着内在的可能性的。通常来讲，日本人的行为动机是不断变化的，若有可能，日本一定会争取其国际地位，若非如此，他们便会重整军备。

当前，日本已经承认军国主义的失败，但他们依然会持续关注军国主义在其他国家的胜败情况。若是有军国主义获得胜利，那么日本的好战之心便会被重新点燃，并表示能够为战争做出贡献。若所有的军国主义全都失败了，那么日本便会认为自己所吸取的教训得到了验证——帝国主义侵略之举，绝非收获荣誉之途。